外尾健一社会法研究シリーズ 2

労働契約法の形成と展開

外尾 健一 著

信山社

まえがき

　労働契約は，人が他人に雇われて働くとき法的には必ず締結される。そして，その際締結された労働契約は，憲法27条の労働権（勤労の権利，勤労条件の基準，児童酷使の禁止）の保障の下に，民法の雇用に関連する規定，労基法，職安法，労災保険法，雇用保険法を初めとする多くの労働保護法規の規制をうける。さらに労使間の利害の対立から生じた紛争が民事裁判に持ち込まれることによって，法の解釈・適用をめぐり一定の判例法上のルールが形成され，最高裁の判例を頂点とする判例法が形成されている。労働契約法とは，このような法規範の総体をいうのである。

　労働契約法は，「他人に雇われて働く」という社会現象があるかぎり，「いつ，いかなる社会」においても存在する。しかも人間の社会はつねに変動してやまない。したがって労働契約法は，どこの国でも，経験的・断片的に発展してきたという性格をもっている。

　民事上の規範としての「労働契約法」の制定は，膨大で複雑な労働契約に関する法理の基礎的な部分を整理し，体系化しようとするこころみであったということができる。私は，基本的な労働契約法の原理を分かり易く簡潔に整理することは，それはそれなりに意味のあることであると思う。このような気持ちで「労働契約法」の立法過程を簡潔にまとめてみたのが本書である。

2012年11月

外尾健一

目　次

まえがき

第1章　序　　論 …………………………………………… 3

　　1　労働契約とはなにか　5
　　2　非「自由な契約」への転化　5
　　3　法形式と現実との矛盾　7
　　4　労働契約法の変容　8

第2章　労働契約法理の形成過程 ……………………… 11

第1節　労働契約法理形成の特殊性 ……………………… 13
　　1　概　　説　13
　　2　判例法理による労働契約法の形成　14

第2節　立法による労働契約法制の形成 ………………… 18
　　1　労働基準法の一部改正　18
　　2　労働基準法研究会　19
　　3　第二次労働基準法研究会　21
　　4　労働時間法制及び労働契約法制の整備　21

第3章　「労働契約法」の立法過程 ……………………… 23

第1節　労働契約法制の立法化 …………………………… 25
　　1　労働政策審議会建議　25
　　2　衆院厚生労働委員会の決議　25

第2節　労働契約法制の在り方に関する研究会 ………… 26
　Ⅰ　労働契約法制の在り方に関する研究会の審議経過 … 26
　　1　「在り方研究会」の設置 ………………………………… 26

v

目　　次

　　　2　「在り方研究会」の審議経緯 …………………… 27
　　Ⅱ　「在り方研究会」の「中間取りまとめ」 …………… 28
　　Ⅲ　パブリック・オピニオン ……………………………… 43
　　Ⅳ　有識者・実務担当者からのヒアリングの実施及び
　　　各種団体の意見 ………………………………………… 52
　　Ⅴ　「在り方研究会」の報告書 ……………………………… 52
　第3節　労働時間制度に関する研究会 ……………………… 59
　第1項　「裁量労働に関する研究会」報告（概要）………… 60
　第2項　「今後の労働時間制度に関する研究会」 ………… 63
　　Ⅰ　「研究会」の趣旨・目的と経緯 ……………………… 63
　　Ⅱ　「今後の労働時間法制に関する研究会」報告書の
　　　概要 ……………………………………………………… 64
　第4節　労政審議会の答申と「労働契約法」の制定 …… 79
　　Ⅰ　労働政策審議会労働条件分科会の審議 …………… 79
　　　1　審議経過と労使委員の対立　79
　　　2　審議の中断　79
　　　3　規制改革・民間開放推進会議の意見　80
　　　4　労働条件分科会の審議の再開と報告書の取りまとめ　81
　　Ⅱ　報告書の概要 ………………………………………… 83
　　Ⅲ　労政審議会の答申と立法手続 ……………………… 93
　　　1　労働契約法の制定　93
　　　2　労働基準法の一部改正　93

第4章　労働契約法の概要 …………………………………… 95
　　Ⅰ　総　　論 ……………………………………………… 97
　　　1　第1条（目的）　97
　　　2　第2条（定義）　98

3　第3条（労働契約の原則）　99
　　　4　第4条（労働契約の内容の理解の促進）　100
　　　5　第5条（労働者の安全への配慮）　101
　　Ⅱ　労働契約の成立及び変更 …………………………………… 101
　　　1　労働契約の概念　101
　　　2　労働契約と就業規則　105
　　　3　就業規則の不利益変更と労働契約　111
　　Ⅲ　労働契約の継続及び終了 …………………………………… 113
　　　1　出　　向　113
　　　2　懲　　戒　114
　　　3　労働契約の終了　118
　　Ⅳ　期間の定めのある労働契約 ………………………………… 121
　　　1　民法の原則と労働基準法による規制　121
　　　2　労働契約法による規制　123

第5章　労働契約法制定論議をふり返って ………… 125

第1節　序　　説 ……………………………………………………… 127
　　1　行政手続法　127
　　2　「労働契約法」の立法化の必要性　130
　　3　労働契約法の必要性と指導原理　131
第2節　労働契約法制審議の争点についての一考察 ……… 133
　　Ⅰ　ホワイトカラー・エグゼンプション ……………………… 133
　　　1　問題の所在　133
　　　2　裁量労働制　134
　　　3　私　　見　138
　　Ⅱ　就業規則による労働条件の不利益変更 ………………… 140
　　Ⅲ　労使委員会・労使協定 ……………………………………… 145

目　次

　　　1　現行法上の「労使協定・労使委員会制度」 145
　　　2　「中間取りまとめ」の労使委員会構想 148
　　　3　「在り方研究会の構想」に対する批判 150
　　　4　私　　見 152
　　Ⅳ　有期労働契約 …………………………………………… 154
　　　1　有期労働契約の問題点 154
　　　2　反復更新された有期契約の更新拒絶・雇止め 155
　　　3　労働契約法による規制 157
　　　4　私　　見 159
　　Ⅴ　解雇の金銭解決制度 …………………………………… 160
第3節　「労働契約法」の意義と課題 ………………………… 163
　　Ⅰ　「労働契約法」制定の意義 …………………………… 163
　　　1　「労働契約法」の「在り方」について 163
　　　2　立法化の必要性 164
　　　3　「労働契約法制」「見直し」の問題 165
　　Ⅱ　労働契約法の理念 ……………………………………… 166
　　Ⅲ　民法（債権法）の改正 ………………………………… 167
　　　1　民法（債権法）改正検討委員会と法制審議会民法
　　　　（債権関係）部会 167
　　　2　「契約自由の原則」 169
　　　3　役務提供型の典型契約（雇用，請負，委任，寄託）
　　　　総論 170
　　　4　準委任に代わる役務提供型契約の受皿規定 170
　　　5　雇　　用 171
　　Ⅳ　労働契約法の形成 ……………………………………… 174

あとがき 177

労働契約法の形成と展開

第1章
序　　論

1 労働契約とはなにか

　民法623条は、「雇用は、当事者の一方が相手方に対して労働に従事することを約し、相手方がこれに対してその報酬を与えることを約することによって、その効力を生ずる。」と規定し、雇用契約を、当事者が「労働に従事すること」と「報酬の支払」を約束することによって成立する対価的な交換関係（双務有償契約）としている。

　一方、主要な実定労働法規である労働組合法や労働基準法は、「労働契約」という用語を用いながら（労働組合法16条、労働基準法2条、13条、14条、15条、58条）、労働契約の定義規定を設けていないため、労働契約とはなにか、雇用契約と労働契約はどのような関係にあるのかということが、法文上は明確にされていない。労働契約を規律する実定労働法規と民法が、一般法と特別法との関係にあることは異論なく認められているところであるから、労働契約の概念は、民法の契約法の一般原則を基礎としながら、労働法の分野で判例学説により理論的に構築されたものであるということができる。

2 非「自由な契約」への転化

　近代的市民法上の雇用契約は、労務に服する者が自己の人格の自由を保持しつつ、労働力のみを商品として時間ぎめで相手方に売り、その対価として賃金の支払を受ける点に特色を有し、そこにおいて展開される雇用関係は、あくまでも主体的な人格者間の権利・義務関係として構成されていた。しかし資本主義経済の発展に伴い、大企業と夥しい賃金労働者が出現するに及んで、対等当事者間の自由な契約という法形式の下に展開された雇用は、法の建前とは異なり、経済的に非独立の賃金労働者が生活上やむなく締結せざるをえない非「自由な契約」へと転化したのである。

(1) さらに資本の蓄積が進み，企業が分業・協業を軸とする複雑な工場制生産制度をとるようになるにつれ，労働条件・服務規律の画一化が企業経営上不可避的なものとなった。採用に際し，個々の労働者とそれぞれ個別的に異なった労働条件や服務規律を約することが不可能に近くなってきたのである。そのために使用者は，予め画一的・統一的な労働条件を定め，雇入れに際しては一括してこれを受諾するか否かという形で労働契約を締結せざるを得なくなった。すなわち，雇用は，法的には自由な契約でありながら，現実には，使用者が予め一方的に定めた労働条件を，労働者が一括して承認した上で，企業という集団的な組織に編入されるという契約へと変わっていったのである。

(2) 近代的な企業は，さらに労働の組織をも一変し，個々の労働者の労働力は企業組織内の一個の物的要因にすぎなくなった。すなわち，労働者の提供する労働力は，それ自体としては社会的価値を実現することができなくなり，使用者の指揮命令によって統轄された企業組織の一環としての企業活動に従事して初めて労働の社会性を発揮することができるようになったのである。したがって雇用契約は，単に双務契約上の権利義務を発生させるばかりでなく，企業内における従属的地位において有機的な労働力を提供するという身分的・組織的な要素を含むようになった。

(3) 産業革命とともに大量に出現するようになった労働者達は，賃金労働者という定型化された新しい階級を創出した。「原生的労働関係」の名で呼ばれている産業革命期ないしはその直後に展開された労働者の状態は，低賃金・長時間労働のために労働力の再生産を不可能にし，労働力を涸渇させるほどの苛烈さをもっていた。

3 法形式と現実との矛盾

(1) 対等当事者間の自由な契約という法形式と現実との矛盾は，資本主義社会の初期には看過しても大差ない程度のものであったが，資本制生産の進展とともに放置できないほどの大きな社会問題となるようになった。このような法の形式と現実との矛盾を本能的に察知し，その修正を要求したのは，なににもましてどん底の生活に追いつめられた労働者たちの「生きる」ための組織的な運動であった。労働者の団結は，違法の評価と弾圧を受けながらも熾烈な闘争を通じて取引の場における失われた自由を回復し，団体交渉により労働協約を獲得し，労働条件を規律する職業社会の自主法を定立していった。このような労働運動を通じて労働者の団結と団結活動は合法性を獲得し，労働者の団結権が法認されるようになったのである。

(2) 一方，貧困に追いつめられた労働者に対する世の識者の人道主義的な叫び，あるいは労働力保護という国家全体の立場からする要請，ないしは企業間の競争条件の統一という資本主義的合理的精神が客観的な条件として作用して，労働保護立法が生まれ，従来，自由な契約の名のもとに，事実上，経済的強者である使用者が一方的に決定していた雇用契約にも多くの国家法による法的規制が加えられるようになった。

(3) このようにして，個々の労働者と使用者との自由な契約という法形式をとっていた雇用契約に，就業規則・労働協約・労働保護法の二重ないし三重の法的規制が加えられるようになり，従来の雇用契約が予期しなかったような新しい法的関係が創出されるようになった。このような近代的労働者の展開する雇用関係を法的に把握するものとして，「労働契約」という新しい概念が生まれてきたのである。

第1章　序　論

4　労働契約法の変容

(1)　市民社会における私的生活関係を規律する民法は，他人の労力を利用する契約を，労働自体の利用を目的とする雇用と，一定の仕事の完成を目的とする請負と，一定の事務処理という統一した労働を目的とする委任の三種に分けて規定しているが，労働契約が雇用の一分枝として生まれながら，民法の特別法としての労働法の形成とともに大きく発展してきたのと同じように，資本の集中が進み，産業構造が大きく変動するにつれて，雇用か請負か委任かの判別の定かでない職種が現われるようになった。

例えば出来高払の賃金を受け取る労働者や外務員，家内労働者，会社専属の商事代理人，仲買人などがこれである。この傾向は，資本制経済の発展，マイクロエレクトロニクスの技術革新に伴う産業構造の変化につれて，ますます増大し，労働契約ないし労働法の適用対象の拡大とその性格の変容を迫るものとなってきた。

(2)　労働契約法は，協約，事業場協定，就業規則，労働立法等の網の目のような法規範による法的規制を受けているが，労使の利害関係の対立から紛争は避け難い。これらの紛争処理の過程で形成される判例法により，逐次，新たな労働契約のよるべき規範が定立される。しかし社会経済の変動により，経営組織，雇用形態，労働の態様は変化し，また労働者の労働観や社会意識も変動する。このような変化に対応して，新たな労働立法が制定されるのは，労働法の歴史の示すところである。そのために「人間としての尊厳」，「幸福追求の権利」を基礎とし，「労働者としての生存権の確保」を理念とする労働法の内容を社会経済情勢の変動に対応して，どのように形成していくかという新たな立法政策が問題となるのである。

(3)　本書は，2004(平16)年4月に「労働契約法制の在り方に関す

る研究会」が設置され,「労働契約法」の立法化の構想が具体化した時期に, 東北大学社会法研究会で数回に分けて議論をしたが, 私が報告した部分を基本に, 新しい立法である「労働契約法」の形成過程を概観し, どのような問題が提起され, どのように立法的に解決されたか, どのような意味と今後の課題をもつものであるかを明らかにすることを目的にまとめたものである。

第2章
労働契約法理の形成過程

第❶節　労働契約法理形成の特殊性

1　概　　説

　わが国では，戦前には，大正末期に団結権を保障する労働組合法案がいくたびか上程されたにもかかわらず，いずれも審議未了に終わり，遂に労働組合法は制定されなかった。また労働保護法の分野でも，僅かに鉱夫の労働条件を規制する鉱業法，女子年少者（保護職工）の12時間労働制と深夜業の禁止，危険有害作業の禁止を骨子とする工場法，工業労働者最低年齢法等が制定されていたにすぎなかった。団結権が法認され，労基法を初めとする労働保護立法が制定されて，労働組合運動が本格的に展開するのは第二次大戦後のことである。

　第二次大戦後，占領軍当局は，日本の軍国主義的な政治経済体制を打破し，民主主義国家に再編成するため，治安維持法の撤廃，団結権の法認等の指令を発し，終戦の年の1945(昭20)年12月には労働組合法が，翌1946(昭21)年9月には労働関係調整法が，さらに1947(昭22)年4月には労働基準法が制定された。その間1946(昭21)年11月3日には，新憲法が公布されて労働権・団結権が基本的人権の一つとして保障されるにいたったのである。このような占領政策は，当時インフレと生活難にあえぎ，戦時中からの抑圧された不満を抱えていた労働者に絶好の口火を与えるものであった。労働者は，生活擁護のために団結し，組合運動は，またたくまに全国的な広がりをみせた。

　しかし，やがて国際政治における米ソの冷たい戦争が始まり，従

業員全員を組織するわが国の企業別組合が，ストライキに代わる特異な「生産管理」戦術を行い，高度の経営参加を盛りこんだ経営協議会の設置や労働者を犠牲にしない産業復興を要求するようになると，占領軍当局は，労働運動をこのまま放置すれば，日本はソ連を中心とする社会主義陣営に向かうのではないかということを恐れ，かつての組合助長策を一転して放棄し，逆に組合運動の抑圧に乗り出すようになった。その政策の一環として超憲法的な占領法規による官公労働者の争議権の剝奪，労働組合の自主性・民主制を確保するという見地からする労組法の改正などが行われたのである。

2 判例法理による労働契約法の形成

(1) わが国における労働契約をめぐる法的な争いは，解雇から始まっている。

イ　戦後の労働協約の殆どは，「組合員を解雇するときには，組合と協議しなければならない」旨の解雇協議約款を定めており，裁判例も，「組合との協議を経ない解雇」を協約のもつ規範的効力から無効とした。これに対し，使用者側は，協約の期間満了を理由に失効させ，組合との協議義務を免れようとしたが，殆どの協約は，「本協約は新協約が締結されるまで有効とする」旨の自動延長約款を有していた。そのために自動延長約款を無効とする労組法の改正が昭和24年に行われた。

ロ　また終戦直後に作成された多くの就業規則は，労働組合との協議のうえ定める旨の規定があり，就業規則にも解雇協議約款を設けているものが多かった。そこで「使用者は就業規則を一方的に変更できるか」という点が争いになり，学説判例は，就業規則の法的性質に関し，法規説，契約説，二分説等に分かれた論争へと発展した。

ハ　ついで「協約，就業規則，法令に違反しない限り使用者は

解雇を自由に行うことができるのか，解雇には正当事由が必要か」という点に争いが移り，妥協する形で権利濫用理論が判例により確立された。
二　わが国では，解雇無効の場合，復職を当然とする法理が当初から定着していた。違法不当な解雇に対する救済は，復職がベストの解決策であり，和解あるいは労働者が職場に戻った後に退職することはあっても，金銭による解決はありえなかったのである。先進資本主義諸国では労働契約がもつ「人的要素」から，労使双方の違法・不当な契約の解除は，伝統的に金銭解決が原則であり，例外は法規違反，仲裁による場合だけであった。比較法の継受が不十分であったこともあるかも知れないが，当時の深刻な就職難，生活難から解雇無効の場合の救済は復職を当然とする社会意識が学説判例にも強く働いたことは間違いない。また不当労働行為の行政救済である復職命令の制度の無意識的な影響があったことも指摘しておくべきであろう。いずれにせよ比較法的にみて，これは日本労働法の先駆者的役割の一つであるといってよい。

(2)　次に問題は，労働契約の展開過程での争いに移った。企業内組合活動の正当性をめぐって生じた「企業秩序」，「服務規律」，「懲戒権」論争がこれである。わが国では，戦後，急速に団結権の法認がなされ，飢餓状態からの脱出が労働者大衆の渇望でもあったので，労働組合は，まず企業内の全従業員を対象に結成され，組合事務所も当然のように企業内に設けられ，日常の組合活動も企業内で行われていた。そのために組合活動，争議行為をめぐるさまざまな争いが生じたが，わが国の争議行為，組合活動の正当性の問題は，経営権と労働権，使用者の施設管理権，服務規律と懲戒権等，労働契約上の権利義務関係の争いとならざるをえなかった。

例えば、①ビラ貼り、組合掲示板の利用と施設管理権の問題、②腕章、リボン、はちまき戦術と服務規律の問題、③定時出勤・定時退出戦術、勤務時間内入浴、朝礼と「労働時間」の問題、④有給休暇闘争と時季変更権の問題、⑤配転、出向、転籍と人事権をめぐる争い等が提起され、労働契約の内容についての豊富な判例法理が形成された。

(3) 時期的には最後になるが、労使間の紛争は、つづいて労働契約の成立の問題に移っている。わが国では、新規学卒者に対し、早めに採用内定が行われており、また入社後も3カ月ないし6カ月の試用期間をおくことが一般的に行われていた。しかし60年代の安保闘争、大学紛争の時期に学生運動歴等を理由に内定を取消し、あるいは試用期間後に本採用を拒否する例が多くなり、内定・試用期間の法的性質に関し、学説上大きな論争が起きた。

① 内定取消に関する大日本印刷事件・最高(二小)判昭54・7・20は、内定の性格を始期付解約権留保付労働契約の成立と解し、「印象がグルーミーだ」という内定取消の事由は、当初から分かっていることであり、その段階で調査をつくせば、適格性の有無を判断できたはずであるとし、本件内定取消は権利の濫用として無効としている。

② また見習(試用)期間終了後、学生運動歴を理由に本採用を拒否した三菱樹脂事件において、東京高判昭43・6・12は、「人の思想・信条は身体と同様本来自由であるべきものであり、その自由は憲法19条の保障するところでもあるから、企業が労働者を雇傭する場合等、一方が他方より優越した地位にある場合に、その意に反してみだりにこれを侵してはならないことは明白というべく、人が信条によって差別されないことは憲法第14条、労働基準法第3条の定めるところであるが、通常の

商事会社においては，新聞社，学校等特殊の政治思想的環境にあるものと異なり，特定の政治的思想・信条を有する者を雇傭することが，その思想・信条のゆえに直ちに，事業の遂行に支障をきたすとは考えられないから，その入社試験の際，応募者にその政治的思想・信条に関係のある事項を申告させることは，公序良俗に反し，許されず，応募者がこれを秘匿しても，不利益を課し得ないものと解すべきである」と判示したが，最(大)判昭48・12・12は，企業には雇い入れの自由があるから，「企業者が特定の思想，信条を有する者をそのゆえをもって雇い入れることを拒んでも，それを当然に違法とするすことはでき」ず，労基法3条違反，公序良俗違反とすることもできないとし，試用期間の法的性質は解約権留保付の雇用契約であるから，「解約権留保の趣旨，目的に照らして，客観的に合理的な理由が存し，社会通念上相当として是認されうる」か否かを判断すべきであるとして原審に差し戻した。

第❷節　立法による労働契約法制の形成

　労働契約を立法により規制する法制度を労働契約法制ととらえ，労基法制定以後の主な立法の動向を簡単に概観することにする。

1　労働基準法の一部改正

　(1)　1951(昭26)年の講和条約の締結とともにわが国は独立することになったが，占領期間中の米軍総司令部からの指令を実施するために制定された政令の再検討が行われることになり，内閣に政令諮問委員会が設置され，労基法についても，その適用範囲，労働時間，女子年少者，解雇予告，有給休暇等について改正の意見が出された。そこで労基法に基づいて設置されている中央労働審議会の議を経て，1952(昭27)年に労基法の一部改正が行われた。①手続を簡素化し，労使の自主協定を活用するため，貯蓄金管理の認可制を届出制に改め，貯蓄金管理，賃金の一部控除，年休について支払う賃金について，労使協定による方式を取り入れたこと，②女子の時間外労働について，決算のための書類の作成，計算，棚卸し等の場合に限り，1週6時間の時間外の枠を2週12時間の枠にし，女子の深夜業の禁止の原則を受けない例外業務として，中央労働基準審議会の議を経て命令で定める女子の健康および福祉に有害でない業務を加えたことなどが主な内容である。

　(2)　1959(昭34)年，業者間協定を中心とする最低賃金法が制定され，労基法の最低賃金に関する規程は，同法の定めるところによることとなった。最低賃金法は，1968(昭43)年に改定され，審議会方

(3) 産業構造の変化に対応して，労働者の生涯訓練体制を確立する必要から，1969(昭44)年に職業訓練法が制定され，職業訓練に関する事項が就業規則の相対的必要的記載事項とされた。

2 労働基準法研究会

(1) 1969(昭44)年に労働大臣の私的諮問機関である労働基準法研究会（労基研）が，労基法の実情と問題点の調査研究を目的として設置された。労働基準法研究会は，三つの小委員会に分かれて検討した後，①「労働安全衛生」1971(昭46)年，②「労働時間・休日・休暇」1971(昭46)年，③「労働債権の履行確保」1975(昭50)年，④「女子関係」1978(昭53)年，⑤労働契約・就業規則」および「賃金」1979(昭54)年について報告書を提出している。

これらの報告書は，労基法の運用上生じた問題点を整理したもので，それぞれの問題についての処理の方針は示されていないが，労働者保護の基本にかかわる問題提起として注目された。

上記の報告のうち，①は「労働安全衛生法」(1972年)，③は「賃金の支払の確保等に関する法律」(1976年)，④は「雇用機会均等法」(1985年)として立法化されている。

(2) 同研究会の「労働契約・就業規則関係」の報告は，①労働契約の締結及び内容，②労働基準法上の労働者，③就業規則の作成変更及び内容，④就業規則と労働契約との関係，⑤契約関係が複雑な雇用形態，⑥労働契約に関連する拘束的諸制度，⑦制裁，⑧休職制度，⑨労働契約の終了，⑩「まとめ」となっており，「まとめ」の要旨は，つぎのようなものである。

イ 労働契約・就業規則の内容が不明確なため，当事者の解釈が相違し，紛争が生じやすい。契約の文書化などにより，明確化

が必要。
ロ　請負，委任の形式をとりつつ実質は労働契約であるものがあり，判断基準の明確化が必要である。労基法上の労働者でない，半独立半従属の労働者について，実情に応じ保護を受けられるようにすることも検討に値する。
ハ　契約関係が複雑な雇用形態，重複下請，出向などの複雑な労働契約関係について法律関係を明確化する必要があり，そのための行政指導も要請される。
ニ　解雇は解雇権濫用の法理により実質上制限されており，個別ケースは裁判により争われている。しかし迅速な解決のため，行政サービスによる解決を図る新たな方式の樹立が望まれる。解雇制限立法には問題があるが，大量解雇には企業内の話合いが必要である。
ホ　就業規則は，労使関係の基本的規範の一つであり，重要事項を就業規則に具体的に規定することについて，立法上検討の余地がある。また使用者の関心を高めるための指導が必要である。パートタイム労働者等についても，就業規則の適用を明確化すべきである。就業規則の不利益変更の合理的限界につき，行政機関の解釈基準を整理すべきである。
ヘ　企業における制裁には，いくつかの問題があるが，特に懲戒解雇については一般に退職金不支給を伴うことであり，規制が必要であるか検討すべきである。
ト　労働契約の態様は千差万別であり，裁判例による個別の判断の積み重ねが紛争解決に重要な役割を果たす。しかし，画一的な処理により紛争解決に資し得るような分野として，労働契約の成立，配置転換，出向，制裁，解雇等労働契約の終了，就業規則の不利益変更等について，法制の整備を図る方途が検討されてよい。

チ　労働契約の民事的紛争の簡易迅速な解決手続について機構の整備を含めて検討することが必要である。このため，企業内の労使による委員会，あっ旋的勧告機能をもつ専門員，労働基準監督機関とは別の機関の設置などが考えられる。

3　第二次労働基準法研究会

労働基準法研究会は，1982年(昭57)，メンバーを一新して再発足した。① 1984(昭59)年8月28日に，「パートタイム労働対策の方向」，「今後の労働時間法制の在り方」，「深夜交替制労働に関する問題点と対策の方向」，「退職手当の労働基準法上の問題点」について，それぞれ中間報告，② 1984年10月18日に，「派遣出向等複雑な労働関係に対する労基法等の適用」について中間報告，③ 1985(昭60)年12月19日に「労働基準法の『労働者』の判断基準」，「就業規則に関する問題点と対策の方向」，「今後の労働時間法制の在り方」，「深夜交替制労働に関する問題点と対策の方向」，「退職手当の労働基準法上の問題点」について最終報告を出したほか，④ 1988(昭63)年8月5日には，「労基研(災害補償関係)の中間的な研究内容について」，⑩ 1993(平5)年5月10日には，「今後の労働契約法制の在り方について」等の報告を出している。

そのうち①は「パートタイム労働対策要綱の策定（1984・(昭59)年），「パート労働法」（1993・(平5)年），②は「労働者派遣法」(1985・(昭60)年），③「今後の労働時間法制の在り方」については，労基法の改正（1987・(昭62)年），④は労災保険法の一部改正(1990・(平2)年)として立法化された。

4　労働時間法制及び労働契約法制の整備

中央労働基準審議会は，1997(平9)年12月11日に，「労働時間法制及び労働契約法制の整備について」と題する建議を行い，翌

1998年に,労働基準法の一部を改正する法律が一部修正の上,可決された。労働契約に関する部分は,つぎのとおりである。
① 労働契約期間の上限延長(14条)
② 労働契約締結時の労働条件の明示(15条)
③ 退職時等の証明(22条)
④ 就業規則における別規則の制限の廃止(89条)
⑤ 労働局長による労働条件紛争の解決援助。

第3章
「労働契約法」の立法過程

本章では,「公正で透明な民事的なルール」が必要であるということから紆余曲折を経て 2007 年 11 月に制定され,2008 年 4 月 1 日から施行された「労働契約法」の立法過程を概観することにする。なお,本章及び次章では,労働契約法一般と区別するため,便宜上,2007 年制定の労働契約法を,「労働契約法」と表記することにした。

第❶節　労働契約法制の立法化

1　労働政策審議会建議

労基法の改正により,中央労働基準審議会に代わって設けられた労働政策審議会は,2002(平14)年 12 月 26 日,①労働契約に係る制度の在り方,②労働契約終了等のルール及び手続,③その他,労働条件の変更,出向,転籍,配置転換等の労働契約の展開を含め,労働契約に係る制度全般の在り方について,今後,引き続き検討していくことが適当である旨の建議を行っている。

2　衆院厚生労働委員会の決議

2003(平15)年に,労基法を改正して解雇権の濫用を無効とする規定(18条の2)を挿入する法律案が可決される際,衆参両院において「労働条件の変更,出向,転籍など,労働契約について包括的な法律案を策定するため,専門的な調査研究を行う場を設けて積極的に検討を進め,その結果にもとづき,法令上の措置を含め必要な措置を講ずること」という付帯決議がなされた。

第3章 「労働契約法」の立法過程

第❷節　労働契約法制の在り方に関する研究会

Ⅰ　労働契約法制の在り方に関する研究会の審議経過

1　「在り方研究会」の設置

(1)　労働政策審議会の建議や労働基準法改正の際の衆参両院の付帯決議を受けて，2004(平16)年に「労働契約法制の在り方に関する研究会」が設置された。

(2)　研究会設置の趣旨目的は，「近年，産業構造の変化が進む中で，人事管理に関する企業の意識が変化し，人事管理の個別化・多様化等が進むとともに，就業形態や就業意識の多様化が進んでおり，このような状況の大きな変化の下で，労働契約をめぐる紛争が増加する傾向にある。一方，労働契約に関するルールについては，実定法や判例法理においてルールが明確となっていない場合があること，判例法理では労使にとって具体的な事案への当てはめが容易でないこと，ルールの再検討を要する場合も生じていること等，状況の変化に十分に対応できていないと考えられる。このため，労働契約に関するルールについて，労働者が納得・安心して働ける環境づくりや今後の良好な労使関係の形成に資するよう包括的なルールの整理・整備を行い，その明確化を図ることが必要となっている。そこで，今後の労働契約法制の在り方について包括的な検討を行うことを目的として研究会を開催する。」となっている。

(3)　検討事項としては，①労働契約法制の対象とする者の範囲，

②労働契約の成立，展開，終了に係るルールの在り方，③労働条件設定システムの在り方，④労働契約法制の機能などがあげられている。

2 「在り方研究会」の審議経緯

(1) 「在り方研究会」は，つぎのような日程と議題で開催された。

第1回　総括的議論，総論的論点（議論の進め方として，労働契約の成立から，展開，終了という各論的な論点を検討し，総論的な論点に移る）

第2回　配置転換，出向，転籍

第3回　就業規則による労働条件の変更

第4回　労働契約の終了（解雇の手続，金銭解決制度を含む）

第5回　前回の続き（事前の紛争解決，合意解約，辞職，解雇の有効要件），労働関係の成立（労働条件の明確化，採用内定，試用期間），総括的議論

第6回　ヒアリング(1) 紛争解決の現場に携わっている関係者

第7回　ヒアリング(2) 法律系以外の有識者

第8回　ヒアリング(3) 紛争解決の現場に携わっている関係者

第9回　ヒアリング(4) 法律系以外の有識者

第10回　労働契約に伴う権利義務関係，休職

第11回　服務規律，懲戒

第12回　昇進・昇格・降格，労働条件設定・変更システム

第13回　労働契約法制の意義，規定の性格，履行確保・紛争解決の方法

第14回　労働契約法制の対象とする者の範囲，現行法との関係の整理，有期労働契約

第15回　ヒアリング(5) 労使団体

第16回　ヒアリング(6) 労使団体

第17回　論点の集約(1)
第18回　論点の集約(2)
第19回　「中間取りまとめ」について(1)
第20回　「中間取りまとめ」について(2)
第21回　今後の検討の進め方について，労働関係の成立
第22回　労働関係の展開(1)
第23回　労働関係の展開(2)，労働関係の終了(1)
第24回　労働関係の終了(2)，有期労働契約，総論(1)
第25回　総論(2)
第26回　報告書取りまとめ(1)
第27回　報告書取りまとめ(2)
第28回　報告書取りまとめ(3)

Ⅱ　「在り方研究会」の「中間取りまとめ」

　同研究会は，2005(平17)年4月13日，「労働契約法制の在り方に関する研究会　中間取りまとめ」を公表した。概要は，つぎのようなものである。

＊　　　＊　　　＊

第1　総　　論

1　労働契約法制の必要性

(1)　労働契約をめぐる状況の変化

　近年，就業形態・就業意識の多様化に伴う労働条件決定の個別化や経営環境の変化に対応する労働条件変更の必要性，個別労働関係紛争の増加や集団的労働条件決定システムの機能の低下といった労

働契約をめぐる状況の大きな変化が見られる。また労働者の創造的・専門的能力を発揮できる自律的な働き方に対応した労働時間法制の見直しの必要性が指摘されている。

就業形態の多様化等による労働条件の個別的な決定・変更の必要性に対しては、労使当事者が、最低基準に抵触しない範囲において、労働契約の内容を自主的に決定することが重要となる。その際には、労使当事者の行動の規範となる公正で透明なルールを設定する必要がある。

しかし現在の労働契約に関するルールについては、判例によるルールは具体的な事案に適用する場合の予測可能性が低く、一般的に労使当事者の行動の規範とはなりにくい。また判例法理は既存の法体系を前提に判決当時の社会通念を踏まえて形成されたものであるところ、今日の雇用労働関係の下におけるより適切なルールを定立する必要性が高まっている。

さらに、今後、純然たる民事的効力を定める規定を労働基準法に盛り込むとすれば、罰則と監督指導によって労働条件の最低基準を保障する労働基準法において性格の異なる規定が増加し、法律の体系が損なわれることとなる。また労働契約に関するルールには労働基準法13条の定める強行的・直律的効力とは異なる、より多様な民事的効力も考えられるところ、これを現行の労働基準法に取り込むことは必ずしも適切ではない。

(2) **労働契約法制の必要性**

労働関係が公正透明なルールによって運営されるようにするため、労働基準法とは別に、労働契約の分野において民法の特別法となる労働契約法制を制定し、労使当事者がその実情に応じて自主的に労働条件を決定することができ、かつ、労働契約の内容が適正なものになるような労働契約に関する基本的ルールを示すことが必要であ

る。

　この労働契約法制においては，単に判例法理を立法化するだけではなく，実体規定と手続規定とを組み合わせることや，当事者の意思が明確でない場合に対応した任意規定を活用することにより，労使当事者の行動規範となり，かつ，具体的な事案を適用した場合の予測可能性を高めて紛争防止にも役立つようなルールを形成することが必要である。

2 労働契約法制の内容と規定の性格

　労働契約法制においては，労働契約の内容の公正さを担保する強行規定は当然必要となる。一方で，労働契約の多様性を尊重しつつその内容を明確にするためには，労使当事者間の労働契約に内容が不明確な場合に，その内容を明らかにして紛争を未然に防止する任意規定や推定規定を，必要に応じて設けることが適当である。

　また，労働契約の内容の公正さを確保するためには，実体規定だけではなく手続規定も重要であって，事項に応じて実体規定と手続規定を適切に組み合わせることが適当である。

3 労働契約法制の履行確保措置

　労働契約法制の履行に係る行政の関与は，個別労働紛争解決制度に従って行い，監督指導は行わないことが適当と考えられる。

　ただし，労働契約法制においても，労使当事者間の情報の質及び量の格差，交渉力の格差にかんがみ，また，紛争の未然防止等をはかるため，行政として労使当事者からの労働契約に関する相談に応じたり，関係法令や契約の条項に係る一定の解釈の指針等を示すなどするほか，労働契約に関する資料・情報を収集して労使に対して適切な情報提供を行うなどの必要な援助は適宜適切になされるべきである。

4 労働契約法制の対象とする者の範囲

労働契約法制の対象とする者の範囲は，労働契約法制の内容と密接な関わりがあることから，労働契約法制全体の検討を更に深めることに併せて引き続き検討することが適当である。

5 労働者代表制度

労働条件の設定に係る運用状況を常時調査討議することができ，労働条件の決定に多様な労働者の利益を公正に代表できる常設的な労使委員会が設置され，当該委員会において使用者が労働条件の決定・変更について協議を行うことを，労働契約法制において促進する方向で検討することが適当である。

例えば，就業規則の変更の際に，労働者の意見を適正に集約した上で労使委員会の委員の5分の4以上の多数により変更を認める決議がある場合に変更の合理性を推定することや，労使委員会における事前協議や苦情処理等の対応を，配置転換，出向，解雇等の権利濫用の判断基準の一つとすることなどが考えられる。

第2 労働関係の成立
1 **採用内定**（略）
2 **試用期間**（略）
3 **労働条件の明示**（略）

第3 労働関係の展開

1 就業規則

(1) **就業規則と労働契約との関係**
・就業規則の規定の民事的効力

就業規則の規定が合理性を欠く場合を除き，労働者及び使用者は，

労働条件は就業規則の定めるところによるとの意思を有していたものと推定するという趣旨の規定を設けることが適当である。この場合，この推定は反証を挙げて覆すことができる。

・就業規則の効力発生要件

就業規則が拘束力を生ずるためには，その内容を適用を受ける事業場の労働者に周知させる手続が採られていることを要するとする判例法理を法律で明らかにすることが適当である。

また現行の労働基準法上必要とされている過半数組合等からの意見聴取を，拘束力が発生するための要件とする方向で検討することが適当である。なお，個々の労働者に対して就業規則の内容を周知した上で意見を募集する措置を講ずることも認めて差し支えないと考える。

さらに行政官庁への届出を就業規則の拘束力が発生するための要件とする方向で検討することが適当である。

・労働基準法上の就業規則の作成手続

現行の過半数組合又は過半数代表者からの意見聴取のほか，労使委員会が当該事業場の全労働者の利益を公正に代表できるような仕組みを確保した上で，過半数代表者からの意見聴取に代えて労使委員会の労働者委員からの意見聴取によることを認めることや，意見聴取の手続に関する指針を定めることについて，検討する必要がある。

・就業規則で定める基準に達しない労働条件

労働基準法第93条は，労働契約法制の体系に移す方向で検討することが適当である。

(2) 就業規則を変更することによる労働条件の変更

・判例法理の整理・明確化

就業規則による労働条件の変更が合理的なものであれば，それに

同意しないことを理由として、労働者がその適用を拒否することができないという就業規則の不利益変更に関する判例法理を法律で明らかにすることを検討すべきである。

就業規則による労働条件の変更についても、前記の就業規則の効力発生要件と同一とするのが適当である。

・**就業規則の変更による労働条件の不利益変更**

就業規則の変更による労働条件の不利益変更について、一部の労働者に対して大きな不利益のみを与える変更の場合を除き、労働者の意見を適正に集約した上で、過半数組合が合意した場合又は労使委員会の委員の5分の4以上の多数により変更を認める決議があった場合には、変更後の就業規則の合理性が推定されるとすることについて、さらに議論を深める必要がある。

2 雇用継続型契約変更制度

労働契約の変更に関して、労働者が雇用を維持した上で労働契約の変更の合理性を争うことを可能にするような制度(雇用継続型契約変更制度)を設けることを検討することが適当である。

案① 労働契約の変更の必要が生じた場合には、使用者が労働者に対して、一定の手続にのっとって労働契約の変更を申し込んで協議することとし、協議が整わない場合の対応として、使用者が労働契約の変更の申し入れと一定期間内において労働者がこれに応じない場合の解雇の通告を同時に行い、労働者は労働契約の変更について異議をとどめて承諾しつつ、雇用を維持したまま当該変更の効力を争うことを可能にするような制度を設ける。

その際、労働契約の変更が認められる場合としては、例えば、変更が経営上の合理的な事情に基づき、変更の内容が合理的であって、労働者と十分な協議を行い、就業規則変更法理などの他の手段によって労働条件の変更を実現することができない場合に限った上

で，労働者が異議をとどめて承諾した場合の解雇を無効とする。

案② 労働契約の変更の必要性が生じた場合には，変更が経営上の合理的な事情に基づき，かつ，変更の内容が合理的であるときは，使用者に労働契約の変更を認める制度を設ける。

本制度による解雇権の行使は，例えば，労働者と十分な協議を行った場合であっても，就業規則変更法理などの他の手段によっては労働条件の変更が実現することができず，本制度による変更を行わざるを得ない場合に限ることが考えられる。

また労働者が使用者の変更権の行使に従って就労しつつ当該変更の効力を争っている場合に当該争いを理由として行われた解雇は無効とすることが考えられる。さらに使用者が本制度による変更権を行使することによって解雇を回避できるにもかかわらず，これを行使せずに労働者を解雇したときには，当該解雇は無効とすることについても議論を深める必要がある。

3 配置転換

配置転換に関する権利濫用法理については，法律で明らかにすることについて議論を深めることが適当である。

転居を伴う配置転換については，その可能性がある場合にはその旨を労働基準法第15条に基づき明示しなければならないこととすることや，これに関する事項を就業規則の必要的記載事項とすることについて，検討することが適当である。

4 出　向

(1) 出向命令の効力

使用者が労働者に出向を命ずるためには，少なくとも，個別の合意，就業規則又は労働協約に基づくことが必要であることを法律で明らかにする方向で検討することが適当である。

出向の可能性がある場合には，その旨を労働基準法第15条に基づき明示しなければならないこととすることや，これに関する事項を就業規則の必要的記載事項とすることについて，検討することが適当である。

(2) 出向をめぐる法律関係

出向労働者と出向元・出向先との間の権利義務関係を明確にするため，例えば，出向労働者と出向元との間の別段の合意がない限り，出向期間中の賃金は，出向を命じる直前の賃金水準をもって，出向元および出向先が連帯して当該出向労働者に支払う義務があるなどの任意規定等を置く方向で検討することが適当である。

5 転　　籍

労働者の実質的な同意を確保する観点から，使用者は，労働者を転籍させようとする際は，転籍先の名称，所在地，業務内容，財務内容等の情報及び賃金，労働時間その他の労働条件について書面を交付することにより労働者に説明をした上で労働者の同意を得なければならず，書面交付による説明がなかった場合や転籍後に説明内容と現実とが異なることが明らかとなった場合には転籍を遡及的に無効とする方向で検討することが適当である。

6 休　　職

休職制度がある場合には，これに関する事項を就業規則の必要的記載事項とすることが適当である。

7 服務規律・懲戒

(1) 懲戒の効力発生要件

使用者が労働者に懲戒を行う場合には，個別の合意，就業規則又

は労働協約に基づいて行われなければならないとすることが適当である。

(2) 懲戒及び服務規律の内容

就業規則等に定めた懲戒事由及び服務規律事項は合理的に限定解釈されるべきとすることについて検討する必要があり，また懲戒が権利濫用に当たる場合は無効となることを法律で明らかにする方向で検討することが適当である。

(3) 懲戒の手続

減給，停職（出勤停止），懲戒解雇のような労働者に与える不利益が大きい懲戒処分については，対象労働者の指名，懲戒処分の内容，対象労働者の行った非違行為，適用する懲戒事由（就業規則等の根拠規定）を，書面で労働者に通知することとし，これを使用者が行わなかった場合には懲戒を無効とすることについて議論を深める必要がある。

8 昇進，昇格，降格

人事権の濫用は許されないことを明確にすることが適当である。さらに，職能資格の引き下げとしての降格については，就業規則の規定等の明確な根拠が必要であるとする方向で検討することが適当である。

9 労働契約に伴う権利義務関係

(1) 労働者の付随的義務

・兼業禁止義務

労働者の兼業を制限する就業規則の規定や個別の合意については，競業に当たる場合その他兼業を禁止することにやむを得ない事由がある場合を除き，無効とする方向で検討することが適当である。

第2節　労働契約法制の在り方に関する研究会

兼業禁止を原則無効とする場合には，労働基準法第38条第1項（事業場を異にする場合の労働時間の通算）については，使用者の命令による複数事業場での労働の場合を除き，複数就業労働者の健康確保に配慮しつつ，これを適用しないこととすることについて，併せて検討することが必要となると考えられる。

・競業避止義務

労働者に退職後も競業避止義務を負わせる場合には，労使当事者間の書面による個別の合意，就業規則又は労働協約による根拠が必要であることを法律で明らかにすることが適当である。

競業避止義務を課す個別の合意等の要件としては，労働者の正当な利益を侵害するものであってはならないとすることや，当該義務に反する労働者の具体的な行為が現実に使用者の正当な利益を侵害することが考えられる。

さらに退職後の競業避止義務については，競業避止義務の対象となる業種，職種，期間，地域が明確でなければならないとする要件を課し，これらを退職時に書面により明示することが必要であるとする方向で検討することが適当である。

・秘密保持義務

不正競争防止法の保護する範囲以上に労働者に退職後も秘密保持義務を負わせる場合には，労使当事者間の書面による個別の合意，就業規則又は労働協約による根拠が必要であることを法律で明らかにすることが適当である。

また当該合意や就業規則等の規定等については，当該義務に反する労働者の行為により使用者の正当な利益が侵害されることを要件とする方向で検討することが適当である。

なお労働者が退職後の秘密保持義務を負う場合には，秘密保持義務の内容及び期間を退職時に書面により明示することが必要とする方向で検討することが適当である。

(2) 使用者の付随的義務

・安全配慮義務

使用者は，労働者が労務提供のため設置する場所，設備若しくは器具等を使用し又は使用者の指示のもとに労務を提供する過程において，労働者の生命及び身体等を危険から保護するよう配慮すべき義務を負うとする安全配慮義務について，法律で明らかにすることが適当である。

・個人情報保護義務

どのような規模の企業も，労働者の個人情報を適正に管理しなければならないことを，法律で明らかにする方向で検討することが適当である。

10 労働者の損害賠償責任

業務とは明確に区別された留学・研修費用に係る金銭消費貸借契約は，労働基準法第16条の禁止する損害賠償額の予定に当たらないことを明らかにするとともに，一定期間以上の勤務を費用の返還を免除とする条件とする場合には，民法第626条との均衡を顧慮して当該期間は5年以内に限ることとし，5年を超える期間が定められた場合には，5年とみなすこととする方向で検討することが適当である。

第4 労働関係の終了

1 解 雇

(1) 解雇権濫用法理について

解雇は労働者側に原因がある理由によるもの，企業の経営上の必要性によるもの又はユニオン・ショップ協定等の労働協約の定めによるものでなければならないことを明らかにすることについて，検

討する必要がある。

解雇に当たり，使用者が講ずべき措置を指針等により示す方向で検討することが適当である。

(2) 労働基準法第18条の2の位置付け

労働基準法第18条の2の規定は，これを労働契約法制の体系に移す方向で検討することが適当である。

2 整理解雇

整理解雇について解雇権の濫用の有無を判断するに当たっては，予測可能性の向上を図るため，考慮事項を明らかにする必要があり，具体的には，人員削減の必要性，解雇回避措置，解雇対象者の選定方法，解雇に至る手続等を考慮しなければならないことを明らかにすることについて議論を深める必要がある。

また整理解雇に当たり使用者が講ずべき措置を指針等で示すことについて検討することも考えられる。

3 解雇の金銭解決制度

解雇紛争の救済手段の選択肢を広げる観点から，仮に解雇の金銭解決制度を導入する場合に，実効性があり，かつ濫用が行われないような制度設計が可能であるかどうかについて法理論上の検討を行う。

(1) 労働者からの金銭解決の申立て

・一回的解決に係る理論的考え方

例えば従業員たる地位の確認を求める訴えと，その訴えを容認する判決が確定した場合において，当該確定の時点以後になす本人の辞職の申出を引き換えとする解決金の給付を求める訴えとを併合したものと整理することも考えられるので，紛争の一回的解決に向け，

同一裁判所での解決の手法について検討を深めるべきである。

・解決金の額の基準

　解雇の金銭解決の申立を，各個別企業において労使間で集団的に解決金の額の基準について合意があらかじめなされていた場合に限って認めることとし，その基準をもって解決金の額を決定することなどの工夫をすることも可能であると思われる。

(2)　使用者からの金銭解決の申立

・「違法な解雇が金銭で有効となる」等の批判について

　使用者からの金銭解決の申立については，例えば，解雇が無効であると認定できる場合に，労働者の従業員たる地位が存続していることを前提として，解決金を支払うことによりその後の労働契約関係を解消することができる仕組みとして違法な解雇が金銭により有効となるものではないこととすることが適当である。

　またいかなる解雇についてもこの申立を可能にするものではなく，思想信条，性，社会的地位等による差別等の公序良俗に反する解雇の場合を除外することはもとより，使用者の故意又は過失によらない事情であって労働者の職場復帰が困難と認められる特別な事情がある場合に限ることも考えられる。

・使用者による解雇の金銭解決制度の濫用の懸念について

　使用者の申立の前提として，個別企業における事前の集団的な労使合意がなされていることを要件とすることが考えられる。

・解決金の額の基準

　個別企業において労使間で集団的に解決金の額の基準の合意があらかじめなされていた場合にのみ申立ができることとし，その基準によって解決金の額を決定する方向で検討することが適当である。

　また解決金の額が不当に低いものとなることを避けるため，使用者から申し立てる金銭解決の場合に，その最低基準を設けることも

考えられる。

4 合意解約, 辞職

労働者が行った合意解約の申込みや辞職の意思表示が使用者の働きかけに応じたものであるときは、一定期間はその効力を生じないこととし、その間は労働者が撤回することができるようにする方向で検討することが適当であり、その期間の長さについてはクーリングオフの期間（おおむね8日間）を参考に、検討すべきである。

第5 有期労働契約

1 有期労働契約をめぐる法律上の問題点

(1) 有期労働契約の効果

有期労働契約については、①期間中は労働者はやむを得ない事由がない限り退職できないという効果、②期間中は使用者はやむを得ない事由がない限り労働者を解雇できないという効果、③期間の満了によって労働契約が終了するという効果の三つの効果がある。

(2) 見直しの考え方

労働基準法第14条の規定は、労働者の退職の制限（①の効果）に対する規制であることを明確にすることが考えられる。

上記③の効果については、判例法理で一定の場合に雇止めが制限されており、その判断に当たっては契約の締結・更新の際の手続が考慮されている場合が多いことにかんがみ、雇止めの効果については有期労働契約の手続と併せて検討することが適当である。

いずれにしても、上記については、有期労働契約に関する実態を調査し、調査結果を踏まえて検討する必要がある。

また平成15年の労基法改正の際の衆参両院の付帯決議において指摘されている「有期雇用とするべき理由の明示の義務化」や「正

第3章 「労働契約法」の立法過程

社員との均等待遇」についても，有期契約労働者に関する実態調査の結果等を踏まえて検討する必要がある。

2 有期労働契約に関する手続

(1) 契約期間の書面による明示

使用者が契約期間を書面で明示しなかったときの労働契約の法的性質については，これを期間の定めのない契約であるとみなす方向で検討することが適当である。

(2) 有期労働契約の締結，更新及び雇止めに関する基準

労働契約法制の観点からも「有期労働契約の締結，更新及び雇止めに関する基準」に定める手続を必要とすることとし，これを履行したことを雇止めの有効性の判断に当たっての考慮要素とすること等についても検討する必要がある。

その際には，契約を更新することがありうる旨が明示されていた場合には，有期契約労働者が年次有給休暇を取得するなどの正当な権利を行使したことを理由とする雇止めはできないこととする方向で検討することが適当である。

ただし，この場合，使用者がこのような雇止めの制限を免れるために，実際には契約の更新を予定しているにもかかわらず更新をしない旨を明示しつつ実際には更新を繰り返すこと等への対応についても検討する必要がある。

3 有期労働契約に関する労働契約法制の在り方

(1) 試行雇用契約

有期労働契約に関する手続として，契約期間満了後に引き続き期間の定めのない契約を締結する可能性がある場合にはその旨及び本採用の判断基準を併せて明示させることとして，試用の目的を有す

る有期労働契約の法律上の位置付けを明確にする方向で検討することが適当である。

(2) 解　　雇

契約期間中に解雇された労働者が民法第628条に基づき使用者に対して損害賠償請求をする場合に，使用者の過失についての立証責任を転換することについて，引き続き検討することが適当である。

第6　仲裁合意

将来において生ずる個別労働関係紛争を対象とする仲裁合意の効力については，個別労働紛争解決制度や労働審判制度の活用状況，労働市場の国際化等の動向，個別労働関係紛争についての仲裁のニーズ等を考慮して労働契約上の問題として引き続き検討すべきであり，このことを法律上明確にする方向で検討することが適当である。

Ⅲ　パブリック・オピニオン

2005年5月20日～6月20日までの期限付きでパブリック・オピニオンを募集。わずかの期間であったにもかかわらず557件の意見がよせられた（内訳　労働組合180件，使用者団体3件，弁護士団体20件，個人(学者)10件，その他2件）。

パブリック・オピニオンは，第23回「在り方研究会」の配布資料8で公開されており，当日の研究会では，事務当局より，その概要の説明がなされている。ここでは，コメントの全体像を察知するのに必要な限度で，概略を紹介することにする。

＊　　　＊　　　＊

第3章 「労働契約法」の立法過程

● **全　体**

- 労働契約法を制定するにあたっては，必要なルールは明確に法律化し，労使の行為規範となり，紛争発生の予防に資するものにしなければならない。中間取りまとめでは，指針やガイドラインをつくることに重点が置かれているが，重要なルールは法律化が必要である。裁判で紛争を解決することを考えると，権利義務の要件と効果をはっきりさせ，立証責任は基本的に使用者が負うものとすべきである。

- 契約法であるから，使用者側の義務に偏することなく，労使双方の義務を規定すべきである。例えば労働者の誠実義務（企業秩序遵守義務，秘密保持義務，競業避止義務，自己健康保持義務等）。

- 中間取りまとめは，全体として労働法制の規制緩和と企業のリストラや合理化を促進するものであり，このような労働契約法制が整備されたならば，働くものの雇用と労働条件は根底から破壊されることとなる。したがって研究会の検討課題を一旦白紙に戻し，労働条件の一方的不利益変更や一方的な解雇など，企業の無法・脱法を規制し，実質的な労使対等を実現できるような労働契約法制の制定について再検討するべきである。

● **労働契約法制の必要性**

- 就業形態や就業意識の多様化により，労働者ごとに個別に労働条件が決定・変更される場合が増え，それに伴う紛争も増えている状況を考えれば，むしろ個別事案にあったケースバイケースの解決方法によらざるを得ず，労働契約で定めるべき基本的な項目を除けば，統一的・画一的なルールの法制化はなじまない。あくまでも労使自治の原則と契約自由の原則を最大限に尊重すべきであり，個別労働紛争の迅速な解決や未然防止，労使双方にとっての行動規範となる指針もしくはガイドラインレベ

●労働契約法制の内容と規定の性格

- 憲法第25条や第27条の理念を具現するものとしての労働基準法の体系から離脱するということは，罰則や監督指導といった実効性を欠いたものになるだけでなく，結局は，理念なき労働契約法制へと変質し，同時に労働基準法という根本的な法制度の理念と労働者保護の役割を換骨奪胎させる。
- 労働基準法における罰則や監督指導といった強行規定がない下で労使がどうやって「自主的な労働条件の決定」ができるのか疑問がある。

●労働契約法制の対象とする者の範囲

- 労働者及び使用者の範囲が狭く定義されている。形式的に請負，委託などと呼ばれ，労働者の保護の適用をはずされている実態を踏まえて，労働者の範囲を広くする検討をすべきである。持株会社，親会社，派遣先，元請，発注者などの実質的な使用者の責任を明確にするべきである。
- フランチャイズチェーンの店長は，経営に対する裁量がないため，個人事業主ではなく，労働者であると考えられることから，労働者に対する保護を受ける立場にあると考える。
- 公務員型の特定独立行政法人や，非常勤職員を含む非現業公務員（公権力を行使する一部の職員を除く）も適用対象とするべきである。
- 労働契約法制の対象範囲については，労働基準法以上に拡大する方向での検討を期待したい。

●労使委員会制度

- 「中間取りまとめ」における労使委員会制度は，労働組合との

性質や役割の違い，労使委員会制度の決議を労働協約の関係，委員の選出方法，任期等が論じられていない。
- 労使委員会に就業規則の変更の合理性を推定させる効果を認めることはできない。
- 就業形態の多様化を踏まえ，個別の労働条件の交渉を可能にする制度を構築しようという本法制の趣旨と，労使委員会による協議等，労働条件の決定・変更について集団的取扱いを要求することは矛盾する。
- 労使委員会の権限が共同決定ではなく協議にとどまっており，労使の対等性確保という点からみて問題がのこる。使用者側の代表者と対等に協議できるための制度的保障をきちんと整備すべきである。具体的には，勤務時間中の有給での活動の保障，労働者数に応じた複数代表の選出，企業外の弁護士や社会保険労務士に相談できる金銭的保障等を行うべきである。
- 新たな労働者代表制を構想するのであれば，例えば労使共同決定性の導入が可能かを検討すべき。
- 労使委員会の決議に対して労働条件切り下げの合理性を推定する効力や，配置転換，出向，解雇等の権利濫用にお墨付きを与えることに反対。
- 労働三権のない労使委員会が実質的対等交渉の役割を果たせるとは考えられない。
- ILO135号条約に定められている使用者から独立した機関としての権限と，労働者代表への権限・保護が付与されている制度が労働者代表制度と呼ぶのにふさわしい。

● 就 業 規 則
- 中間取りまとめにあるように，就業規則の変更による労働条件の不利益変更について，労使委員会の委員の5分の4以上の賛

成があれば合理性を推定することについては，反対。
- 常設的労使委員会を新設し，作成手続に一定の役割を求めることは，企業運営への影響が大きく適切でない。
- 就業規則の不利益変更に関して提案されている二案とも，判例法理が形成していた「変更の必要性」という判断要素を完全に無視してしまっている。判例法理を前提としても規定の最初に，「使用者は，就業規則を変更する必要性がなければ，これをおこなうことができない。賃金や労働条件などの重要な労働条件の変更には，高度の必要性を要する。」という内容の文言がくるべきである。

●雇用継続型契約変更制度
- 雇用継続型契約変更制度と解雇の金銭解決の二つの制度を新設すれば労働条件は解雇を背景に変更できるようになり，違法な解雇であっても最終的には金銭を解決することになって，使用者にフリーハンドをあたえることになる。
- これまで変更解約告知として論じられてきた問題を「雇用継続型契約変更制度」と位置付け直し，雇用の継続をはかりつつ労働条件の変更を実現する方策を打ち出した点は評価できるが，案(2)の一方的変更承諾承認型をとれば当事者の対等で自主的な決定の実現と乖離する結果となろう。
- 従業員の地位を保持したまま，使用者と訴訟で争うことは日本の企業社会においては極めて困難であることや，労働者は提訴の負担を覚悟しなければならないことから，多くの労働者が労働契約変更の受諾を事実上強いられることになる。雇用継続型契約変更制度と解雇の金銭解決制度の双方が新設されれば，使用者にフリーハンドを与えることになる。

第3章 「労働契約法」の立法過程

●配転・出向・転籍

- 東亜ペイン最高裁判決やこれに従う諸判例は業務上の必要性がきわめて広い等の問題があり，これを法律化しようというのであれば，(1)労働条件不利益変更と同様，使用者に当該労働者に対する説明・資料開示義務を負わせる，(2)「必要性」に絞りをかけ，「余人をもって代え難い」にできるだけ近づける，(3)「不当な動機・目的」が認められる場合，因果関係説に立って，直ちに権利濫用（無効）とする。(4)転勤による不利益について，「通常甘受すべき程度を著しく越える」かどうかの評価基準を大幅に引き下げる，といった措置が必要である。

●懲　　戒

- 紛争防止の見地及び罪刑法定主義の観点から，労働者に予測可能性を与えるため，懲戒の種類及び事由を予め就業規則等に明記すべきであるとの点には賛成である。しかし服務規律事項や懲戒事由の内容については，企業の裁量に委ねるべきである。例えば法令遵守を重視する使用者においては自ずと処分が厳格になる一方，懲戒手続も適正手続の観点から整備されているなど，企業により千差万別である。これを終身雇用制を前提として非違行為に対する処分も寛大な傾向にある日本企業の慣行を基準として，「均衡を欠く」処分であると一律に権利濫用と判断したり，懲戒事由を限定解釈したりすることは不適切である。不当な懲戒を抑制するという観点からは，推奨されるプロセスを指針等で示し周知徹底すればその目的は十分図られると考える。
- 使用者が労働者に懲戒を行う場合には，個別の合意又は就業規則・労働協約に基づいて行わなければならないとすることは適当である。

懲戒は客観的に合理的な理由があり，社会通念上相当と認められる場合でなければ無効とする規定，懲戒の内容は懲戒事由と均衡がとれていなければならないこととする規定，懲戒の内容・上限について制限する規定を明記すべきである。懲戒解雇の場合の退職金の不支給・減額規定を一律有効としない規定を設けるべきである。

懲戒の効力発生要件として，書面交付，弁明の機会を付与すべきである。懲戒権の行使期間を設けるとともに，懲戒当時認識していなかった事由を訴訟上追加することを禁止すべきである。

● 昇進，昇格，降格（略）
● 配置転換・出向・転籍（略）
● 就労請求権・労働者の付随的義務（略）
● 使用者の付随的義務（略）
● 労働者の損害賠償責任（略）
● 留学・研修費用の返還（略）

● 解　雇
- 解雇権濫用法理について，合理性と社会的相当性の要件という二段構えの構造であるとの理解には，賛意を表したい。労働組合や労使委員会などの事前手続が解雇権濫用の判断に考慮されるとの指摘は，もともと権利濫用法理が権利行使に関する四囲のすべての事情を考慮するという考え方であるから，法律で考慮すべき点を特に指定するのは適切ではない。
- 解雇権濫用の規定について，立証責任が使用者にあることが明らかな規定の仕方をすべきである。

第3章 「労働契約法」の立法過程

●解雇の金銭解決制度

- 2003年の労働基準法改正の際は建議には解雇の金銭解決制度が盛り込まれていたが，法案要綱には入れられなかった。この理由の説明が十分になされないまま，「中間取りまとめ」に再度金銭解決制度の項目が入っていることには納得できない。
- 解雇権濫用法理を空洞化し，不当解雇がさらに多発することになるため，導入は認められない。
- 使用者からの申立に基づいて労働者の意思に反して労働契約の解消を認めるというのは，労働者の自律的な決定，労使自治の促進という労働契約法の建前に反する。このような制度が導入されれば，使用者は，気に入らない労働者を一方的に解雇し，たとえ解雇が無効と判断されても予定した金を積んで労働契約の解消を申し立てることができることになる。労働者の職場からの排除を可能とするような「金銭補償解決制度」の導入には絶対反対。
- 解雇問題の金銭解決は，使用者に事実上解雇の自由を与えるようなものであり，反対。

●合意解約・辞職

- 「中間取りまとめ」にある合意解約・辞職のクーリングオフは，民法理論・現行の判例の立場に反するものであり，反対。合意解約や辞職は，長期にわたって契約のあった者からの契約の打ち切りであり，売り手の巧みな口車に乗せられ，契約をした消費者を保護するクーリングオフ制度とは適用の場面が異なる。
- 準解雇につきクーリングオフを認める点は評価できるが，意思表示の取消を認める方向が検討されていないことは問題であろう。
- 退職勧奨が程度を過ぎれば違法となり，損害賠償責任が発生す

ることを指針等で明示すべきである。

● **有期労働契約**
- 有期契約労働者は，更新拒否を脅しにされることにより，労働者として当たり前の権利が行使できない状況にある。有期労働契約を規制する法整備が求められている。
- 有期労働契約が実態として期間の定めのない契約と実質的に異ならない場合には，期間の定めのない契約とする規定を置くべきである。
- 試行雇用契約は，若年者の雇用の不安定化に拍車をかけるため，認められない。
- 有期労働契約は，一時的・臨時的業務に限定すべきである。試用を目的とした有期労働契約の新設は絶対に許すべきではない。
- 有期労働契約の反復と雇止めに対する制限や恒常的に存在する仕事への有期労働契約の導入を禁止し，期限の定めのない雇用契約とすることなどの規定が求められている。

● **仲裁合意**（略）

● **労働時間法制の見直しとの関連**
- なぜ労働契約法に関する研究会であるにもかかわらず，労働時間法制の見直しについて言及するのか理解できない。
- これまでの労働時間法制の改正について検証もしないままに，労働時間規制の適用除外の検討を行うことに反対。
- ホワイトカラー・エグゼンプションは，ホワイトカラーの定義自体も不明であり，違法な賃金不払残業を合法化するものであること，長時間労働を増やすことにより労働者の健康と生活に悪影響を及ぼすことから，長期的には労働者の利益だけでなく国益や企業の利益にも反するものであるため，反対する。

Ⅳ 有識者・実務担当者等からのヒアリングの実施及び各種団体の意見

「在り方研究会」においては,労働契約法制の検討にあたっては,現在のわが国における「人事管理に関する動向,就業形態や労働者の就業意識に関する動向,労働契約をめぐる紛争やその解決の状況など,労働契約関係や労使関係を取り巻く実情を十分に踏まえる必要がある。」ということから,①労働経済や労使関係の分野など,法律以外の分野(労働経済,労使関係,経済学,経営学,社会学)を専門とする有識者,②労働契約をめぐる紛争解決の現場に携わっている人(弁護士,都道府県労働局における個別紛争の解決促進の運用に携わっている者,社会保険労務士,労働相談を行っている民間団体の担当者,民間企業の人事労務担当者)からのヒヤリングが実施された。

また日本労働組合総連合会,日本労働弁護団,自由法曹団,全国労働組合総連合等の各種団体からは多くの意見ないし提言がよせられている。

Ⅴ 「在り方研究会」の「報告書」

研究会は,2005年9月15日,「今後の労働契約法制の在り方に関する研究会報告書」(最終答申)を労働大臣に提出した。同報告書は,その末尾において,「労働時間法制の見直しとの関連」と題し,「労働契約法制の整備が必要となっている背景として,近年の就業形態の多様化,経営環境の急激な変化があるが,これは,同時に労働者の創造的・専門的能力を発揮できる働き方への対応を求めるもの」であるとして,「規制改革・民間開放推進3カ年計画」(平17・3の閣議決定)においては,「米国のホワイトカラーエグゼンプション

第2節 労働契約法制の在り方に関する研究会

制度を参考にしつつ,現行裁量労働制の適用対象業務を含め,ホワイトカラーの従事する業務のうち裁量性の高いものについては,改正後の労働基準法の裁量労働制の施行状況をふまえ」「労働者の健康に配慮する措置等を講ずる中で,労働時間規制の適用を除外することを検討する」ことになっているが,「労働契約に関する包括的ルールの整備を行う際には,併せて労働者の働き方の多様化に応じた労働時間法制の在り方についても検討を行う必要がある旨を述べている。そして「仮に労働者の創造的・専門的能力を発揮できる自律的な働き方に対応した労働時間法制の見直しを行うとすれば,労使当事者が業務内容や労働時間を含めた労働契約の内容を実質的に対等な立場で自主的に決定できるようにする必要があり,これを担保する労働契約法制を定めることは不可欠となる」と指摘している。

すなわち「今後の労働契約法制の在り方に関する研究会」は,当初の趣旨・目的である労働契約についての「包括的なルールの整理・整備を行い,その明確化を図る」という当初の趣旨目的に加え,「ホワイトカラーエグゼンプション」,「裁量労働の見直し」等を中心とする労働時間法制の再検討の役割をもになうことになったことを明らかにしているのである。

研究会の「報告書」は,厚生労働省のホームページで全文を閲覧することができるが,「中間取りまとめ」と同様,煩をいとわず,その概要を必要な限度で紹介することにする。

*　　　*　　　*

序　論

労働契約法制を構想するに当たっては,労使自治を尊重しつつ労使間の実質的な対等性を確保すること,労働関係における公正さを

確保すること，就業形態の多様化へ対応すること，紛争の予防と紛争が発生した場合に対応することを基本的な考え方とした。

第1 総　論

1　労働契約法制の必要性

(1)　近年の労働契約をめぐる状況の変化を踏まえ，労働関係が公正で透明なルールによって運営されるようにするため，労働基準法とは別に，労働契約の分野において民法の特別法となる労働契約法制を制定することが必要である。この労働契約法制においては，単に判例法理を立法化するだけでなく，手続を規定することや，当事者の意思が明確でない場合にそれを補完するための任意規定（当事者の意思によりその適用を排除できる規定）や，推定規定（はっきりしない事実について，一応，一定の法律効果を発生させる規定）を活用することにより，労使当事者の行為規範となり，かつ具体的な事案に適用した場合の予測可能性を高めて紛争防止にも役立つようなルールを形成することが必要である。

(2)　**労働基準法と労働契約法制それぞれの役割**

労使当事者の対等な立場での自主的な決定を促進する労働契約法制と，労働条件の最低基準を定め，罰則や監督指導によりその確保を図る労働基準法等の従来の労働関係法令とは，両者があいまって時代の変化に対応した適正な労働関係の実現を可能とするものである。

2　労働契約法制の基本的性格と内容

(1)　労働契約法制は，労働契約に関して労使当事者の対等な立場での自主的な決定を促進する公正・透明な民事ルールを定めるものであり，労働契約に関する民法の特別法と位置付けられる。

労働契約法制は，罰則と監督指導により履行を確保する労働基準法等とは，その基本的性格及び役割が異なることを明確にするために，労働基準法とは別の法律として定めることが適当と考えられる。

(2) 労働契約法制においては，労働契約に関する基本的ルールとして，労働契約の成立，展開，終了に関する権利義務の発生，消滅，変動の民事上の要件と効果を定めて明確化を図ることが適当。

労働契約に関する基本的ルールを定めるに当たっては，労働契約の内容の公正さを担保する強行規定（当事者の意思に関わりなく適用される規定）は当然必要となる。一方で，労働契約の多様性を尊重しつつその内容を明確にするためには，労働契約の内容が不明確な場合に，その内容を明らかにして紛争を未然に防止する任意規定や推定規定を，必要に応じて設けることが適当である。

また労働契約の内容の公正さを確保するためには，実体規定（権利義務の内容について定める規定）だけでなく，手続規定（一定の手続を権利義務の変動の要件として定める規定）も重要であって，事項に応じて実体規定と手続規定を適切に組み合わせることが適当である。

(3) **総則規定の必要性**（略）

(4) **労働契約法制における指針の意義**

労働契約法制における指針は，それ自体は法的拘束力はないものの，労使当事者の行為規範としての意味はあると考えられ，合理的な内容のものとして裁判所において斟酌されることが期待される。

3 労働契約法制の履行確保措置

労働契約法制の履行に係る行政の関与は，個別的労働紛争解決制度に従って行い，監督指導は行わないことが適当。ただし行政とし

て労使当事者からの労働契約に関する相談に応じたり，関係法令や契約の条項に係る一定の解釈の指針等を示すなどするほか，労働契約に関する資料・情報を収集して労使に対して適切な情報提供を行うなどの必要な援助は適時適切になされるべきである。

4 労働契約法制の対象とする者の範囲

労働基準法上の労働者について労働契約法制の対象とすることは当然であるが，労働基準法上の労働者以外の者についても労働契約法制の対象とすることを検討する必要がある。この場合には，どのような者にどのような規定を適用することが適当かについて，これらの者の働き方の事態を踏まえて十分な検討を行う必要がある。

5 労働者代表制度

(1) 労使委員会制度の法制化

労働組合の組織率が低下し，集団的な労働条件決定システムが相対的に低下している中で，労働者と使用者との間にある情報の質及び量の格差や交渉力の格差を是正して，労働者と使用者が実質的に対等な立場で決定を行うことを確保するためには，労働者が集団として使用者との交渉，協議等を行うことができる場が存在することが必要である。労働組合が存在する場合には，当然，当該労働組合がそのような役割を果たすものであるが，労働組合が存在しない場合においても，労働者の交渉力をより高めるための方策を検討する必要がある。

常設的な労使委員会の活用は，当該事業場において労使当事者が実質的に対等な立場で自主的な決定を行うことができるようにすることに資すると考えられることから，このような労使委員会が設置され，当該委員会において使用者が労働条件の決定・変更について協議を行うことを労働契約法制において促進することが適当である。

(2) 労使委員会制度の在り方

　労使委員会の活用に当たっては，就業形態や価値観が多様化し，労働者の均質性が低くなってきている近年の状況の中で，労使委員会が当該事業場の多様な労働者の利益を公正に代表できる仕組みとする必要がある。また，労使当事者が実質的に対等な立場で交渉ができるような仕組みも必要となる。

　そこで労使委員会の在り方としては，委員の半数以上が当該事業場の労働者を代表する者であることのほか，労使委員会の選出手続を，現在の過半数代表者の選出手続に比してより明確なものとすべきである。また多様な労働者の利益をできるだけ公正に代表できるよう，例えば当該事業場の全労働者が直接複数の労働者委員を選出することが考えられる。

　さらに選出された労働者委員は，当該事業場のすべての労働者を公正に代表すべきことや使用者は委員であること等を理由とする不利益取扱いをしてはならないこととすることが考えられる。

(3) 労使委員会制度の活用

　労使委員会制度の活用の方策としては，例えば就業規則の変更の際に，労働者の意見を適切に集約した上で労使委員会の委員の5分の4以上の多数により変更を認める決議がある場合に変更の合理性を推定することが考えられる。さらに労使委員会に事前協議や苦情処理の機能を持たせ，それらが適正に行われた場合には，配置転換，出向，解雇等の権利濫用の判断において考慮要素となり得ることを指針等で明らかにすることが考えられる。

　また労使委員会の活用方法を検討するに当たっては，労使委員会が労働組合の団体交渉を阻害することや，その決議が労働協約の機能を阻害することがないような仕組みとする必要がある。さらに労使委員会の決議は，団体交渉を経て締結される労働協約とは異なり

当然に個々の労働者を拘束したり,それ単独で権利義務を設定したりするものではないことに留意する必要がある。

第❸節　労働時間制度に関する研究会

　「労働契約法制の在り方研究会」が設置された翌2005年(平17)4月28日に,「今後の労働時間制度に関する研究会」が設置された。「労働契約法制の在り方研究会」の報告については, 2005年(平17) 9月28日,「労働時間制度に関する研究会」の報告に対しては, 2006年(平18) 2月4日に, 労政審議会に対して厚生労働大臣の諮問がなされ, 両研究会の報告は,「労働契約法制及び労働時間法制の在り方について」として, 労働条件分科会で審議されることになった。

　「今後の労働時間制度に関する研究会」の検討事項の第1に掲げられているのは,「弾力的な働き方を可能とする労働時間規制の在り方」であるが, 具体的には「裁量労働制」に力点が置かれていた。例えば各種団体のヒアリングを除き, 実質的な審議が始まった第8回以降を,「研究会開催経緯」によってみると, 第8回「裁量労働制の施行状況等に関する調査結果及びヒアリングのまとめ」, 第9回「裁量労働制の在り方に関する論点について」。第10回「裁量労働制の在り方について」, 第11回・第12回「労働時間規制の適用を除外する制度の在り方について」となっていることをみても「裁量労働制」に力点がおかれていたことが分かる。

　本節では,「今後の労働時間制度に関する研究会」について, その経緯を概観するのが目的であるが,「研究会」で問題となっている裁量労働制は, もともと1987年(昭62)の「労働基準法38条の2」の改正のときに導入された裁量労働制（みなし労働時間）が問題の出発点であり, 中央労働審議会の了承の下に設けられた「裁量

労働に関する研究会」の報告（平7年4月）は見逃すことができないので，ここでは，併せて紹介しておくことにする(註)。

（註）「今後の労働時間制度に関する研究会」が設けられたのは，わが国において，経済のグローバル化や技術革新の目覚ましい進展により，国際的競争が激化し，これに対応するための産業構造の変化や人事労務管理の見直しが行われていた時期である。ここでは，「研究会」報告だけを引用したが，労使の団体の見解も含め，貴重な資料として労働省労働基準局賃金時間部編著『これからの裁量労働制』日刊労働通信社があることを紹介しておきたい。

＊　　　＊　　　＊

第1項　「裁量労働に関する研究会」報告（概要）

(1) 現行制度について当面措置すべき事項

裁量労働制の対象業務として「労働大臣の指定する業務」については，現行5業務との均衡上これらの業務に類似する個別具体的な業務として7業務（略）を指定することが適当。

(2) 今後の裁量労働制のあり方
① 裁量労働を取り巻く環境の変化
a 産業構造の転換，国際市場における競争の激化等により，企業の側においては，裁量的な働き方を導入し，人事，給与，組織等の制度を見直す動きがみられる。
b 労働者の側においても，意識の変化や価値観の多様化を背景に，自律的あるいは専門的な働き方を志向するとともに，私生活とのバランスを重視する動きが見られる。

② 裁量労働制への期待と課題

a 企業としては，裁量労働制を採ることにより生産性の向上や企業活力の維持発展につながるという期待があり，また，労働者としては，自律的な働き方により能力を十分に発揮し，高い充足感を得るとともに自由時間の確保につながるという期待がある。

b しかしながら，裁量労働制を採用する場合，企業の側には，労働者にオーバーワークを強いないよう業務命令を適正なものとすること，あるいは，仕事の成果に対し公正な評価，処遇の明確化を行うこと等の課題があり，また，労働者の側にも，計画的な業務遂行を行い，裁量労働制にふさわしい主体的で自律的な働き方を確立すること等の課題がある。

③ 新たな裁量労働制の在り方

上記のような経済社会情勢の変化や期待と課題に答えるため，対象業務，手続的要件，法律効果等について，以下のような考え方に基づいて裁量労働制を新たに再構成することも一つの方策であると考えられる。

a 対象業務

対象業務については，高度に専門的又は創造的な能力を必要とする業務であって，自律的で，使用者との指揮命令関係が抽象的，一般的なもの（いわば請負的な性格を有するもの）とすることが適当であると考えられる。

具体的には，現行5業務及び第1の新たに指定する業務の外，例えば専門的業務として，①高度な経営戦略の企画の業務，②高度な法務関係業務，③高度な特許・知的財産関係業務，④高度な経済動向等の分析・評価関係業務等を対象とすることが考えられる。

また裁量労働制が適用される労働者については，上記のよう

な対象業務に従事する者であって，それにふさわしい待遇を受けていることを必要とすべきである。

b　対象業務の規定の方法

対象業務の法令上の規定の方法については，法律で包括的に定義規定を設けた上で，①労働省令で限定列挙を行う，または②通達でその解釈基準を明らかにする等の方法が考えられる。

c　手続的要件

手続的要件については，労働者の保護に欠けることのないよう，適正なものとすることが必要である。そのような要件として，現行制度と同様，①労使協定の締結と労働基準監督署への届出を基本としつつ，併せて新に②制度の導入，改廃，運用状況のチェック等のため，企業内労使委員会を設置することが適当である。

d　本人の同意

また裁量労働制は，労働者が自律的に働くことを促進するものであることにかんがみ，本人の同意を必要とすることが有意義であると考えられる。

e　高度な職業能力の維持・発展に不可欠な配慮

裁量労働制が労働者にとっても望ましいものとなるよう，使用者は，労働者の健康の維持増進，休日・休暇の確保，報酬等について配慮すべきである。

f　適正な運用を確保するための措置

さらに適正かつ効果的な運用を確保するための措置としては，企業内労使委員会によるチェック，管理職に対する研修等を実施することが望まれる。

g　裁量労働制の法律効果

法律効果については，現行は「みなし労働時間制」とされているが，裁量労働制の本来の趣旨にかんがみ，労働時間に関す

る規定について適用除外とすることが適当と考えられるが，労働時間法制上大きな例外を設けることとなる重要な問題であり，なお検討を深めるべきである．但し，休日労働については，その重要性にかんがみ，適用除外とすることには問題があると考えられ，また深夜労働については，裁量労働制の実態的・手続的要件の在り方，その運用の適正さを確保するための仕組の在り方との関係において，さらに検討すべきであろう。

h　裁量労働制が適正かつ有効に運用されるための指針

労働行政としては，裁量労働制が適正かつ有効に運用されるための指針を作成し，これに基づき労使を支援することが望まれる。

なお仕事の進め方や労働時間の使い方を労働者の裁量に委ねる，いわゆる裁量的な働き方は，単に労働時間に係る問題だけではなく，人事，給与，組織等人事労務管理全般に密接に関連する問題であるので，労使をはじめとする関係者が十分話し合い，社会的コンセンサスを形成することが重要であり，これらの問題についてさらに議論が深められることを期待したい。

第2項　「今後の労働時間制度に関する研究会」

I　「研究会」の趣旨・目的と経緯

(1)　研究会設置の趣旨・目的としては，つぎの点があげられている。「労働時間制度については，これまで，産業構造・企業活動の変化や労働市場の変化が進む中で，裁量労働制等弾力的な労働時間制度の導入などにより対応してきたところである。しかしながら，経済社会の構造変化により，労働者の就業意識の変化，働き方の多

第3章 「労働契約法」の立法過程

様化が進展し，成果等が必ずしも労働時間の長短に比例しない性格の業務を行う労働者が増加する中で労働者が創造的・専門的能力を発揮できる自律的な働き方への更なる対応が求められるなど，労働時間制度全般に係る検討を行うことが必要となっている。特に，労働時間規制の適用除外については，平成16年の裁量労働制の改正に係る施行状況を把握するとともにアメリカのホワイトカラー・エグゼンプション等について実態を調査した上で検討することが求められている状況にある。一方，週労働時間別の雇用者の分布をみると，いわゆる「労働時間分布の長短二極化」が進展するとともに，年次有給休暇の取得日数の減少及び取得率の低下傾向が続き，加重労働による脳・心臓疾患の労災認定件数も増加している。

こうした状況の中で，今後の労働時間制度について研究を行うことを目的として研究会を開催する。」

(2) 研究会の経緯

研究会は，2005(平17)年4月28日に第1回が開催されて以来，翌2006(平18)年1月26日までの間に17回開催され，つぎのような報告書を取りまとめている。

Ⅱ 「今後の労働時間法制に関する研究会」報告書の概要

1 現状認識と今後の展望

(1) ホワイトカラー労働者の増加と働き方の多様化

技術革新やサービス産業の成長等による産業構造の変化により，ホワイトカラー労働者の比率が高まるとともに，経営環境の変化，勤労者意識の変化等を背景に労働者の働き方も多様化してきている。こうした中，労働者の心身の健康を確保しつつ，家族と過ごす時間

や地域活動，生涯学習に充てる時間を確保し，労働者の仕事と生活の調和を実現することが重要となってきている。

しかし，他方では，所定外労働を中心とした労働時間の増加が見られ，年次有給休暇の取得率の低下，取得日数の減少が続いている。

このような状況に対処するためには，労働時間管理を徹底させ，所定外労働の削減や賃金不払残業の解消に向けた取り組みを進めるとともに，個々の労働者がそれぞれの事情に即した働き方の選択ができるようにするため，労働時間制度及び運用の見直しを行う必要がある。

(2) **自律的に働き，かつ労働時間の長短ではなくその成果や能力などにより評価されることがふさわしい労働者の増加**

経済のグローバル化の進展に伴う企業間競争の激化等により，技術革新のスピードが加速し，製品開発のスピード・質が求められ，多様化する消費者ニーズへの対応とあいまって，企業における高付加価値かつ独創的な仕事の比重が高まってきている。

このような変化に対応するため，企業では組織のフラット化，プロジェクト方式やチーム制の導入等の組織編成を進める動きがみられる。その中で，スタッフ職などの中間層の労働者により大きな権限と広い裁量を与える例が多くみられる。また目標管理制度の導入，年俸制や成果主義賃金を導入する動きが拡がっている。

労働時間制度については，これまでにもフレックスタイム制や企画業務型裁量労働制の創設等により改正を重ねてきたが，現行制度では，十分に対応できていない。そのため新たな労働時間管理の在り方について検討を加え，労働時間制度の見直しを行うことが必要である。

第3章 「労働契約法」の立法過程

2 見直しの方向性

まず現行の労働時間制度の現状と課題として①年次有給休暇，②時間外・休日労働，③フレックスタイム制，④事業場外みなし，⑤専門業務型裁量労働制，⑥企画業務型裁量労働制，⑦管理監督者について指摘があり，これを踏まえて「見直しの方向性」として，つぎのように述べられている。

すべての労働者が個人の選択によって，生涯時間を確保しつつ，仕事と生活を調和させて働くことを実現するという観点からの検討を行うとともに，その中でも「自律的に働き，かつ，労働時間の長短ではなく，成果や能力などにより評価されることがふさわしい労働者」について現行の労働時間制度では対応できていない部分を検証した上で，労働時間に関する諸制度について，運用や，制度そのものの見直しを行う必要がある。

(1) 見直しに当たっては，当面対応すべき課題と中長期的に対応すべき課題を区別した上で検討を進めること。

(2) 心身が健康であることは全労働者にとって能力発揮の大前提であるから，所定外労働の削減，年休の取得促進，健康確保に必要な措置を十分に検討すること。

(3) 企業の実態に応じて制度を設計する場合には，企業の労使自治により制度の設計が可能になるようにすべきである。各企業，特に当該事業場の労働者の過半数の労働者で組織する労働組合がない場合には，労働者の交渉力を補完し，労使が対等の立場で労働条件を決定できるようにする仕組みについても「関係審議会における労働契約法制の検討の過程において，労働時間制度の在り方の検討と時期を同じくして検討が進められるべきである。その際，現行の企

画業務型裁量労働制における労使委員会との関係を整理することも必要である。」

3 新たな労働時間制度の在り方

(1) 生活時間を確保しつつ仕事と生活を調和させて働くことを実現するための見直し

すべての労働者にとって，家族と過ごす時間や地域活動や生涯学習に充てる時間などの生活のための時間と，仕事のための時間とを調和させて働くことを選択できるようにすることが重要な課題である。

労働者の健康確保の観点からも，いかにして実際に休める時間を確保できるかが重要になってきている。これは仕事と生活の調和が必要ということである。

a 年次有給休暇　　取得率が低下し，計画付与制度の利用も低い。使用者が労働者の時季指定を補充する仕組み，臨時的突発的用務のための時間単位の取得などについても認めることも考えられる。

b 時間外・休日労働　　本来，臨時的なものであるのに，実態としては時間外労働が長時間化している。

一定の時間を超える時間外労働については，①割増賃金に加え，代償休日等の義務づけ，通常よりも高い割増率の義務づけを検討。協定を締結せずに時間外・休日労働をさせた場合には罰則を強化することも考えられる。

c フレックスタイム制　　労働者が仕事と生活の調和を図りながら効率的に働くことを可能とするための制度であるから，導入促進を図るため，好事例の収集提供等を行うことが考えられる。

d 事業場外みなし　　現行では，事業場外業務に従事する労

働者について，労働時間を算定し難い場合，事業場内で業務に従事した時間も含めて所定労働時間労働したものとみなすことが原則とされている。ただし業務遂行に係る時間が通常所定労働時間を超える場合には，事業場外で業務に従事した場合のみをみなし労働時間制で算定し，事業場内での労働時間は別途把握することとされている。

しかし労基法38条の2の対象となる労働者は，労働時間の全体が把握し難い業務に従事する労働者でありながら，所定労働時間を超える場合に限り，事業場内で業務に従事した時間が把握できることを前提とした制度及び運用となっており，見直しの必要があると考えらえる。

(2) 自律的に働き，かつ労働時間の長短ではなく成果や能力などにより評価されることがふさわしい労働者のための制度

A 検討の視点

労働者の中には，仕事を通じたより一層の自己実現や能力の発揮を望む者であって自律的に働き，労働時間の長短ではなく成果や能力などにより評価されることがふさわしい者が存在する。これらの労働者については，企業における年俸制や成果主義賃金の導入が進む中で，その労働者本人が労働時間の規制から外されることにより，より自由で弾力的に働くことができ，自らの能力をより発揮できると納得する場合に，そのような選択ができる制度を作ることが，個々の労働者の能力発揮を促進するとともに，日本の経済社会の発展にも資することとなる。

労働時間の適用除外制度として米国のホワイトカラー・エグゼンプションがあるが，米国は，労働時間自体の上限を設定しない規制の仕組みとなっていることや，労働事情，転職が容易であることにより，過剰な長時間労働を強いられることを自ら防ぐことができる

状況にあるという点がわが国と異なるため，同制度をそのまま導入することは適当ではない。

また新たな制度を設計するに当たっては，労働者の心身の健康が確保されることが，労働者が能力を発揮するための前提であることに留意し，新たな労働時間規制の適用除外の枠組み（「新しい自律的な労働時間制度」）が導入されたことにより，結果として加重労働が増加するような事態が起こらぬよう配慮が必要である。

さらに企画業務型裁量労働制，専門業務型裁量労働制，管理監督者の適用除外といった現行制度との関係について，現場の労使が納得した上で，円滑にそれぞれの制度を活用できるよう，それらの諸制度との調和や対象者の重なりについて整理しながら，検討を進める必要がある。

B 新しい自律的な労働時間制度の要件
① 勤務態様要件
ⅰ) 職務遂行の手法や労働時間の配分について，使用者からの具体的な指示を受けず，かつ自己の業務量について裁量があること
ⅱ) 労働時間の長短が直接的に賃金に反映されるものではなく，成果や能力などに応じて賃金が決定されていること
② 本 人 要 件
ⅰ) 一定水準以上の額の年収が確保されていること。この年収額は，通常の労働時間管理の下で働いている労働者の年間の給与総額を下回らないこと。
ⅱ) 労働者本人が同意していること
③ 健康確保措置
実効性のある健康確保措置が講じられていること
④ 導入における労使の協議に基づく合意
以上の対象労働者の要件については，公平性及び客観性の観点か

ら，法令にその要件の詳細を定め，すべての企業において一律に対象労働者の範囲を画定するという考え方がある一方，企業ごとの実態に応じた対象労働者の範囲の画定を可能とするため，法令に基本的な要件を定めた上，具体的な対象労働者の範囲について，労使の実態に即した協議に基づく合意により決定することを認めることも考えられる。

これらの要件を満たす対象者の具体的イメージの例として報告書は，イ企業における中堅の幹部候補者で管理監督者の手前に位置する者，ロ企業における研究開発部門のプロジェクトチームのリーダーをあげている。

C 法的効果

以上の要件を満たし，適正な手続を経て新しい自律的な労働時間制度が導入された場合，対象労働者については，現行の労基法41条の管理監督者と同様，労基法第4章，第6章及び第6章の2に規定する労働時間及び休憩に関する規定が適用されないものとすることが考えられる。

また同制度は，自律的な働き方をする労働者を対象とするものであり，対象労働者自らの判断で深夜に業務を行うことが考えられるが，適切な健康確保のための措置が担保されていることを前提として，深夜業に関する規定もその適用を除外することが考えられる。

ただし労基法35条の法定休日の規定については，現行の管理監督者の場合には適用が除外されているが，休日取得の実効性の確保を図る観点から，同制度においてはこの適用を除外しないことも考えられる。

D 健康確保措置

対象労働者は自律的に働き方を決定できるが，過剰な長時間労働を行うことも考えられるので，健康を維持する上で適切かつ実効性のあるものを検討すべきである。

第3節 労働時間制度に関する研究会

　具体的には定期的に健康状態をチェックし，健康確保措置を講ずることを義務づけ，記録等を保管するとともに行政官庁への報告を義務づけ，その履行を担保するため，実施されていない場合には，罰則を科すことも考えられる。

　また対象労働者が同制度の適用を望まなくなった場合には，本人の申出により，通常の労働時間管理に戻す仕組みを検討することが必要である。

　以上に加え，対象労働者のうち，相当の者について健康確保措置が実施されておらず，行政官庁による度重なる指導にかかわらず実施状況が改善されない場合には，対象労働者を通常の労働時間管理に戻すのみならず，同制度の扱いを認めず，使用者に対する制裁として，年収額の一定割合を支払うことを義務づけることを検討する必要がある。

　また休日の確保が健康確保に欠かせないものであることを重視し，健康確保措置と同様，対象労働者による休日の取得が適切に行われていないことが明らかになった場合には，当該労働者のみならず，対象労働者全員を通常の労働時間管理に戻す仕組みや使用者に対する制裁として，年収額の一定割合を支払うことを義務づける仕組みについて検討する必要がある。

E　労使の協議の役割

　労使の協議については，現行の企画業務型裁量労働制においては労使委員会制度が，また専門業務型裁量労働制においては労使協定制度がとられている。この違いは，制度の対象者の範囲が明確でないものについては，企業の実態に即しつつ労使が対等な立場で協議して決めることが必要であるとの考え方によるものである。

　新しい自律的な労働時間制度における労使の協議においては，対象労働者の具体的な範囲の画定等を行うこととなるため，労働者の意見を適正に集約するとともに，労働者の交渉力を補完することに

より，労使が実質的に対等な立場で協議を行う仕組みを担保することが重要である。

また労使の協議に係る手続が確実に行われていることについて，行政による事後的なチェックを適時適切に行うことができるようにする趣旨から，労使の協議に係る合意書等をその事業場に補完させるとともに，行政官庁に届け出ることを求めることも考えられる。

なお労使の協議の具体的な在り方については，現行制度における労使の協議の在り方も含め，検討することが必要であると考えられる。

いずれにしても，これらについて，関係審議会において，労働契約法制の検討の中で，労働時間制度の在り方の検討と時期を同じくして検討が進められることが必要であると考える。

F 適正な運用の確保

(苦情処理措置)

上記の健康確保のための措置を講ずるほか，新しい自律的な労働時間制度の適正な運用を担保するため，現行の企画業務型裁量労働制と同様に，対象労働者からの苦情に対処するための措置を講ずることが考えられる。この際，苦情処理措置が実効性のあるものとなるよう，企画業務型裁量労働制の苦情処理措置の運用実態や問題点を踏まえて，企画業務型裁量労働制における見直しの方向性に沿って検討を加えるべきである。

(要件・手続に違背があった場合の取扱い)

新しい自律的な労働時間制度の運用に当たり，法律で定める要件又は手続に違背があった場合の民事上，労働基準法上の効果については，実労働時間を把握しない制度であることに着目し，独自の法的効果を定めることも考えられるが，当面，次のように整理することが適当である。

第3節　労働時間制度に関する研究会

＜労使合意を導入の要件とした場合＞

- 労使合意について，その内容に法で定める必要的記載事項が含まれていない場合や，その内容が法が定める水準に達していなかった場合は，適用に係る重大な瑕疵があると認められ，事業場全体及び個々の労働者に対する適用除外の効果が認められず，労働基準法 32 条違反等の問題が生じうる。
- 労使合意の内容は適用だが，要件に該当しない労働者を新しい自律的な労働時間制度の対象として取り扱っていた場合（例えば，同意の不存在や，年収要件違反など）は，当該労働者に対する適用除外の効果は認められず，労基法 32 条違反の問題が生じうる。

＜導入に当たり労使合意が不要とされる場合＞

- 本人との合意書に必要的記載事項が含まれていない場合や，その内容が法が定める水準に達していなかった場合及び同意以外の要件（例えば年収要件）を満たさない労働者について本人の同意を得て対象として取り扱っていた場合は，当該労働者に対する適用除外の効果は認められず，労基法 32 条違反の問題が生じ得る。
- 合意書の内容が適正に履行されなくなった場合は，その時点から当該労働者に対する適用除外の効果が認められなくなり，労基法 32 条等違反の問題が生じ得る。
- そもそも対象労働者の同意がない場合は，当然当該労働者に対する適用除外の効果は認められず，労基法 32 条違反の問題が生じ得る。

　なお，上記のいずれのケースについても，労基法 32 条違反等とは別に，新しい自律的な労働時間制度の手続違反について，その根拠規定の違反として別途罰則を科すことにより，適正な運用を確保するという手法についても検討する必要がある。

　また法律で定める要件又は手続の違背はあるが，その内容が軽微なものである場合の取扱いについては，速やかに改善がなされた場

合に,上記「C 法的効果」を否定しない等の取扱いを行うことや判断基準の明確化の観点からそのような取扱いを法令に明記すること等についても検討を行う必要があると考えられる。

さらに法律に定める要件又は手続違背によって労基法32条違反等が生じ得ると整理した場合,不適正な取扱いがなされていた期間中に生じた法定時間外労働について,使用者は,その時間数に応じて割増賃金を支払わなければならないこととなる。しかし,いったん新しい自律的な労働時間制度の適用を受けることになれば,使用者は労働者の労働時間を把握しなくなるということを前提にした上で,労働者の賃金の取扱いをどのようにするか検討する必要がある。この場合,例えば,以下の点について検討することが必要である。

① 不適正な取扱いがなされた場合の労働者への支払額をあらかじめ労使で取り決めておく(割増賃金の額に相当する額として年収の一定割合の額を含んだ額)ことを義務づける(この場合,「支払額」を一定額以上とすることを法定することや,算定方法を法定することも考えられる)。

② 不適正な取扱いがなされた場合における労働に従事したと推定される時間をあらかじめ労使で取り決めておくことを義務づける。

いずれにしても,不適正な取扱いがなされた場合の救済措置については,新しい自律的な労働時間制度の本旨を踏まえた運用が阻害されることのないようにしつつ,勤務実態が事後的に明らかな場合も含め,救済が迅速かつ適切に行われる仕組みを用意する必要がある。

このほか,法律の定める要件又は手続に違背はないが,対象労働者が,配置転換等により,新しい自律的な労働時間制度の要件を満たさなくなった場合等の賃金の取り扱い等についても同様に整理する必要がある。

(履行確保のための行政の役割)

新しい自律的な労働時間制度については，対象労働者の具体的な範囲の画定をはじめとしてその導入及び運用において，各企業の労使自治が大きな役割を果たすこととなるため，労働者の交渉力を補完し，労使が対等な立場で実質的な協議を行うことができるような仕組みが有効に機能していることが重要である。

行政官庁としては，このような対等かつ実質的な労使の協議が担保されているかという点を含め，同制度の導入手続が適正に行われているかという側面から適時適正に確認することが適当である。このほか，各事業場ごとに，賃金台帳等により対象労働者が明らかにされていることが求められるとともに，実際に健康確保措置が実施されているか，実際に休日が確保されているかなどについても書面に基づき確認を行い，こうした手続等が適切に行われていなかった場合は改善を求め，改善されないときは制度を廃止させることができることとする仕組みについて検討する必要がある。

G 現行制度との関係

(現行裁量労働制との関係)

現行の規格業務型裁量労働制は，実際の労働時間の長短と賃金との関係を切り離すことにより，労働者に自律的な働き方を促すための制度として創設されたものであり，当然，その対象労働者には新しい自律的な労働時間制度の対象労働者となるべき者も相当含まれていると考えられる。したがって，その制度目的や対象労働者が重なることから，新制度の創設に伴い，規格業務型裁量労働制を廃止することも考えられる。

しかし現に企画業務型裁量労働制を導入している事業場における人事労務管理上の支障を考慮すると，実態を踏まえつつ，当面の間，現行制度を維持することも考えられる。その際，中小企業においては，労使委員会の設置が負担となる場合があり，労働者が少数

で，全員から意見を聞くことにより，合意の形成を図れる場合については，労使委員会の設置を求めないこととすることも考えられる。

また同制度の対象労働者の裁量性を確保しつつ加重労働に陥ることを防ぐため，上司による裁量性を阻害するような具体的指示や過度の追加業務の指示がなされている場合に，速やかに当該労働者を同制度の対象から外すといった仕組みが必要である。そのための方策として，現行の苦情処理措置について，単に個々の苦情への対応にとどまらず，対象労働者の範囲の見直しの実施まで行うなど，苦情処理措置をより実効あるものとすることが考えられ，このような苦情処理措置の運用改善の具体的方法を指針等において例示することが考えられる。

他方，現行の専門業務型裁量労働制については，業務の性質上，通常の方法による労働時間の算定が適切でない業務がその対象であるが，新しい自律的な労働時間制度の要件設定の仕方によっては，対象労働者が一部重なることも考えられる。しかし，現行の専門業務型裁量労働制は新しい自律的な労働時間制度とは異なる要件の下で，現在多くの労働者がその適用を受けており，新制度を創設してもなお専門業務型裁量労働制に対するニーズもあると考えられることから，同制度を維持することが適当と考えられる。

その際，同制度の対象労働者が加重労働に陥ることを防ぐため，企画業務型裁量労働制と同様に，業務量の適正化を図るための所要の運用改善を行うことが必要である。

また現行の企画業務型裁量労働制の対象労働者のうち，新しい自律的な労働時間制度に移行しない労働者については，その対象労働者の範囲が限定的かつ明確なものを専門業務型裁量労働制の一類型として整理・統合し，あわせて導入手続を変更することも考えられる。

(管理監督者との関係)

現行の解釈では,労働条件の決定その他労務管理について経営者と一定的な立場にあり,労働時間,休憩,休日等に関する規制の枠を超えて活動することが要請されざるを得ない重要な任務と責任を有し,現実の勤務状態も労働時間等の規制になじまない立場にあるという要件を満たすものを管理監督者としてきたところである。今後ともこれらの労働者について引き続き管理監督者として労働時間規制の適用を除外すべきものと考えるが,他方で,労働基準法制定時にあまり見られなかったいわゆるスタッフ職のうちに,処遇の程度等にかんがみ管理監督者として取り扱うべき者が出てくるなど,企業における人事労務管理の在り方が変化してきており,現行の管理監督者の要件では,その適正な運用を図ることが困難となっている。

このため,労働時間規制の適用除外という同様の法的効果をもたらす新しい自律的な労働時間制度の創設にあわせ,本来の制度趣旨に照らし,その要件の明確化及び適正化を図り,例えば,同制度の対象労働者となることがふさわしいスタッフ職については,管理監督者から除くこととし,円滑に同制度への移行が図れるようにするなどの整理が必要である。その際,同制度の対象労働者に比べ,より経営者に近い立場にあることに留意しつつ,要件の明確化及び適正化を図るべきである。

また各企業において,人事異動等により,管理監督者として扱われる者が変わる場合においても,その適正な取扱いを担保するため,その範囲について各事業場ごとに賃金台帳等により明らかにしておくといったことが考えられる。

さらに管理監督者がそもそも労働時間規制の適用を除外され,時間管理がなされていないことにかんがみ,深夜業に関する規定(割増賃金に関する規定等)についても適用除外とすることが考えられる。

このとき，管理監督者の健康に配慮することは当然であり，時間管理がなされない新しい自律的な労働時間制度における健康確保措置の内容の検討に併せて管理監督者の健康確保措置の在り方について検討することも必要である。

あわせて管理監督者の労働条件を決定する際，対象となる管理監督者の意向が反映される仕組みの在り方についても検討する必要がある。

第4節　労政審議会の答申と「労働契約法」の制定

Ⅰ　労働政策審議会労働条件分科会の審議

1　審議経過と労使委員の対立

(1)　研究会からの答申を受けた労働大臣は，2005年9月28日，労働政策審議会に「今後の労働契約法制の在り方について」諮問。同審議会は，労働条件分科会で審議することとした。翌2006(平18)年4月11日，厚労大臣は，同分科会に「労働契約法制及び労働時間法制の在り方について」(案)を提示し，「検討の方向」を示唆しつつ，同分科会が，6月13日に中間報告素案を，7月18日に中間報告を公表するスケジュールを定めた。

2　審議の中断

(1)　同分科会は，6月27日（59回）「労働契約に関するルールは必要」という点では一致したが，そこに盛り込む項目についての主張が厳しく対立し，中断せざるをえなかった。

　イ　労働者側の意見は，①就業規則を労働契約法に盛り込むこと，②合理性の推定に労使委員会を関与させること，③解雇の金銭解決制度，④ホワイトカラー・エグゼンプション，に反対するというものであり，「労使の意見を反映していない『在り方について』に沿って「中間とりまとめ」を議論することに反対し，「審議の一時中止」を求めた。

　ロ　使用者側の意見は，「①ルールの整備は，労使の合意でやる

べきであり，労働者への配慮や均等待遇を議論するのはおかしい。②契約は書面でなくても成立する。書面化で確認するのは中小企業にとって負担である。③労働契約法制の対象は，労基法上の労働者に限定すべきで，個人請負は自らリスクを負っており，保護すべきではない。」というものであり，「前向きの経営に活用できるものがあまりにも少ない」として，「中間とりまとめ」に沿った議論に反対し，④のホワイトカラー・エグゼンプション，および⑤の解雇の金銭解決制度は必要とした。

3　規制改革・民間開放推進会議の意見

一方，1998(平10)年1月26日，雇用・労働分野における規制緩和の推進を任務として行政改革推進本部の下に規制緩和委員会（後に「規制改革委員会」，「規制改革・民間開放推進会議」と名称変更）が設置されていたが，2006(平18)年3月31日閣議決定の「規制改革・民間開放推進3カ年計画」では，雇用・労働分野の規制緩和として，つぎのような事項がもりこまれていた。

(1)労働契約法制の整備「労働条件の最低基準を定めた労働基準法以外に労働契約に関する公正・透明な民事上のルールの明確化を図る観点から，労働契約法制を整備」（次期通常国会に法案提出等所要の措置），(2)労働時間法制の見直し「労働時間にとらわれない働き方を推進する観点から，ホワイトカラーの従事する業務のうち裁量性の高い業務について，労働時間規制（深夜業の規制を含む）の適用除外とする制度について検討・措置」（次期通常国会に法案提出等所要の措置），(3)派遣労働をめぐる規制の見直し等「紹介予定派遣以外の労働者派遣における事前面接の解禁」（平成19年度中に検討），「雇用申込み義務の見直し」（平成19年度中に検討）となっていた。

(2)規制改革・民間開放推進会議は，2006(平18)年7月21日，つぎのような「労働契約法制及び労働時間法制の在り方に関する意

見」を発表している。これが労働条件分科会の審議に影響を与えたとは思わないが，四囲の状況を明らかにする資料の一つとして参考までに掲げておくことにする。

「平18・3・31に閣議決定された「規制改革・民間開放推進3ヵ年計画」では，労働契約法制の整備」及び「労働時間規制の適用除外制度の整備拡充」について，平成18年度中に結論を出すとした。これを受けて労働条件分科会において検討が進められているのに，6月13日開催の58回分科会で，審議の中断を求める意見が労使双方の委員から出され，検討が「事実上ストップ」している。今後の推移いかんによっては「審議が大幅に遅延する可能性も否定できない」。分科会の検討内容には，「数多くの疑問や懸念を抱かざるを得ず」，審議の途中であるが，「当会議としての意見」を発表する。
① 労働時間規制の適用除外制度については，アメリカのホワイトカラー・エグゼンプション制度を参考にしつつ，深夜業規制の適用除外を含め，「労働時間」にとらわれない働き方を可能にする制度の検討を進めること。
② 「労働時間規制の適用除外制度について検討を進めていくためにも，労働契約法制の在り方についての検討は，必要不可欠である」。

4 労働条件分科会の審議の再開と報告書のとりまとめ

労働契約法の審議の場に，規制緩和の流れをうけて，質的にも異なる「労働時間規制の適用除外制度の整備拡充」という問題が入り込んだところに問題があるのであるが，中断していた分科会は，8月31日（60回），「労使が合意する項目について法制化することを検討する」ということで審議を再開し，12月27日，今までの議論を「報告書」に取りまとめて答申した。

第3章 「労働契約法」の立法過程

Ⅱ 報告書の概要

　報告書は，前文，Ⅰ 労働契約法制，Ⅱ 労働時間法制の三本立てとなっている。労働条件分科会では，それぞれ別個の「在り方研究会」の報告を「労働契約法制及び労働時間法制の在り方について」として，検討したわけであるが，報告書では，労働契約法制と労働時間法制が別個にあつかわれている。これは，立法化に当たっては，新しい労働契約法の制定と労働基準法の一部改正という別個の形をとらざるをえないためであろう。

　ここでは，報告書の概要をさらに要約しつつ紹介することにする。労使双方の代表委員の意見は該当項目ごとに「●」印を付して引用しておいた。

＊　　　＊　　　＊

「今後の労働契約法制及び労働時間法制の在り方について」
(概要)

　「近年，就業形態・就業意識の多様化が進み，労働者ごとに個別に労働条件が決定・変更される場合が増えているとともに，個別労働紛争も増加傾向にある。

　一方，個別労働関係紛争解決制度や労働審判制度などの整備が進んでいるが，個別労働関係を律する法律としては労働基準法しか存在しないため，体系的で分かりやすい解決や未然防止に資するルールが欠けている現状にある。

　このため労働契約の内容が労使の合意に基づいて自主的に決定され，労働契約が円滑に継続するための基本的ルールを法制化することが必要とされている。

また労働時間が長短二極化しており，子育て世代の男性を中心に長時間労働者の割合の高止まりや健康が損なわれている例も見られる。仕事と生活のバランスを確保するとともに，労働者の健康確保や少子化対策の観点から長時間労働の抑制を図ることが課題となっている。

さらに産業構造の変化が進む中で，ホワイトカラー労働者の増加等により就業形態が多様化している。このような中，企業においては高付加価値かつ創造的な仕事の比重が高まってきており，組織のフラット化等を伴い，権限委譲や裁量付与等により，自由度の高い働き方をとる例が見られ，このような働き方においてもより能力を発揮しつつ，長時間労働の抑制を図り，健康を確保できる労働時間制度の整備が必要となっている。」

I 労働契約法制

1 労働契約の原則

① 労働契約は，労働者及び使用者の対等の立場における合意に基づいて締結され，又は変更されるべきものである。

② 使用者は，契約内容について，労働者の理解を深めるようにすること。

③ 労働者及び使用者は，締結された労働契約の内容についてできる限り書面により確認するようにすること。

④ 労働者及び使用者は，労働契約を遵守するとともに，信義に従い誠実に権利を行使し，義務を履行しなければならず，その権利の行使に当たっては，それを濫用するようなことがあってはならないこととすること。

⑤ 使用者は，労働者がその生命，身体等の安全を確保しつつ労働することができる職場となるよう，労働契約に伴い必要な配慮をするものとすること。

第3章 「労働契約法」の立法過程

- 使用者代表委員から，労働契約が双務契約であることにかんがみ，労働者の義務についても規定することが必要であるとの意見があった。
- 労働者代表委員から，労働条件に関する労働者間の均衡については，就業形態の多様化に対応し，適正な労働条件を確保するため均等待遇原則を労働契約法制に位置づけるべきとの意見が，また使用者代表委員から，具体的にどのような労働者についていかなる考慮が求められるのか不明であり，労働契約法制に位置づけるべきでないとの意見があった。

このため，労働条件に関する労働者間の均衡の在り方については，労働者の多様な実態に留意しつつ必要な調査等を行うことを含め，引き続き検討することが適当である。

- 労働者代表委員から，労働契約法制が対象とする労働者の範囲について，経済的従属関係にある者を対象範囲にすることについて引き続き検討すべきであるとの意見があった。

2 労働契約の成立及び変更

(1) 合意原則

労働契約は，労働者及び使用者の合意によって成立し，又は変更されることを明らかにすること。

(2) 労働契約と就業規則との関係等

① 就業規則で定める基準に達しない労働条件を定める労働契約は，その部分については無効とし，無効となった部分は，就業規則で定める基準によることを労働契約法において規定すること。

② 就業規則が法令又は労働協約に反してはならないものであり，反する場合の効力について，労働契約法において規定すること。

③ 合理的な労働条件を定めて労働者に周知させていた就業規則がある場合には，その就業規則に定める労働条件が，労働契約の内容となるものとすること。ただし，①の場合を除き，労働者及び使用者が就業規則の内容と異なる労働契約の内容を合意した部分（特約）については，その合意によることとすること。

(3) 就業規則の変更による労働条件の変更

①イ 就業規則の変更による労働条件の変更については，その変更が合理的なものであるかどうかの判断要素を含め，判例法理に沿って，明らかにすること。

ロ 労働基準法第9章に定める就業規則に関する手続が上記イの変更ルールとの関係で重要であることを明らかにすること。

ハ 就業規則の変更によっては変更されない労働条件を合意していた部分（特約）については，イによるのではなく，その合意によることとすること。

② 就業規則を作成していない事業場に於いて，使用者が新に就業規則を作成し，従前の労働条件に関する基準を変更する場合についても，①と同様とすること。

3 主な労働条件に関するルール

(1) 出　　向（在籍型出向）

使用者が労働者に在籍型出向を命じることができる場合において，出向の必要性，対象労働者の選定その他の事情に照らして，その権利を濫用したものと認められる場合には，出向命令は無効とすること。

(2) 転　　籍（移籍型出向）

使用者は労働者と合意した場合に，転籍をさせることができることとすること。

(3) 懲　戒

使用者が労働者を懲戒することができる場合において，その懲戒が，労働者の行為の性質及び態様その他の事情に照らして，客観的に合理的な理由を欠き，社会通念上相当であると認められない場合は，その権利を濫用したものとして，無効とすること。

4　労働契約の終了等

(1) 解　雇

労働基準法第18条の2（解雇権の濫用）を労働契約法に移行すること。

(2) 整理解雇（経営上の理由による解雇）

経営上の理由による解雇が「客観的に合理的な理由を欠き，社会通念上相当であると認められない場合」に該当するか否かを判断するために考慮すべき事情については，判例の動向も踏まえつつ，引き続き検討することが適当である。

(3) 解雇に関する労働関係紛争の解決方法

解雇の金銭的解決については，労働審判制度の調停，個別労働関係紛争制度のあっせん等の紛争解決手段の動向も踏まえつつ，引き続き検討することが適当である。

5　期間の定めのある労働契約

① 使用者は，期間の定めのある労働契約の契約期間中はやむを得ない理由がない限り解約できないこととすること。

② 使用者は，その労働契約の締結の目的に照らして，不必要に短期の有期労働契約を反復更新することのないよう配慮しなければならないこととすること。

③ 「有期労働契約の締結，更新及び雇止めに関する基準」第2条の雇止め予告の対象の範囲の拡大（現行の1年以上継続した場合のほか，一定回数（3回）以上更新された場合も追加）すること。

また有期契約労働者については，今回講ずることとなる上記①から③までの施策以外の事項については，就業構造全体に及ぼす影響も考慮し，有期労働契約が良好な雇用形態として活用されるようにするという観点も踏まえつつ，引き続き検討することが適当である。

● 労働者代表委員から，「入口規制」（有期労働契約を利用できる理由の制限），「出口規制」（更新回数や期間の制限），「均等待遇」の3点がそろわない限り本質的な解決にはならず，これらの問題も含めて引き続き検討すべきであるとの意見があった。

6 労働基準法関係

① 労働契約の即時解除に関する規定を労働契約法に移行すること。

② 就業規則の相対的必要的記載事項（当該事業場において制度がある場合には明記することが求められる事項）として，出向を追加すること。

また労働基準法第36条等の「過半数代表者」の選出要件について明確にすることとし，その民主的な手続について引き続き検討することが適当である。

7 国の役割

① 労働契約法に関する国の役割は，同法の周知を行うことにとどめ，同法について労働基準監督官による監督指導を行うものではないこと。

② 個別的労働関係紛争解決制度を活用して紛争の未然防止及び早期解決を図ること。

Ⅱ 労働時間法制

仕事と生活のバランスを実現するための「働き方の見直し」の観

点から，長時間労働を抑制しながら働き方の多様化に対応するため，労働時間制度について次のとおり整備を行うことが必要である。

1 時間外労働削減のための法制度の整備

(1) 時間外労働の限度基準

① 延長時間をできる限り短くするように努めることや，特別条項付き協定では割増賃金率も定めなければならないこと及び当該割増賃金率は法定を超える率とするように努めること。

② 法において，限度基準で定める事項に，割増賃金に関する事項を追加すること。

(2) 長時間労働者に対する割増賃金率の引き上げ

① 使用者は，労働者の健康を確保する観点から，一定時間を超える時間外労働を行った労働者に対して，現行より高い一定率による割増賃金を支払うこととすることによって，長時間の時間外労働の抑制を図ることとすること。なお「一定時間」及び「一定率」については，労働者の健康確保の観点，中小企業等の経営環境の実態，割増賃金率の現状，長時間労働に対する抑制効果などを踏まえて引き続き検討することとし，当分科会で審議した上で命令で定めること。

●本項目については，使用者代表委員から，企業の経営環境の実態を企業規模別や業種別を含めてきめ細かく踏まえることが必要であるとの意見があった。

② 割増率の引き上げ分については，労使協定により，金銭の支払いに代えて，有給の休日を付与することができること。

●労働者代表委員から，割増賃金率の国際標準や均衡割増賃金率を参考に，割増賃金率を50％に引き上げることとの意見が，また使用者代表委員から，割増賃金の引き上げは長時間労働を

抑制する効果が期待できないばかりか，企業規模や業種によっては企業経営に甚大な影響を及ぼすので引き上げは認められないとの意見があった。

2 長時間労働削減のための支援策の充実
長時間労働を削減するため，時間外労働の削減に取り組む中小企業等に対する支援策を講ずること。

3 特に長い長時間労働削減のための助言指導等の推進
特に長い長時間労働を削減するためのキャンペーン月間の設定，上記1(1)の時間外労働の限度基準に係る特に長い時間外労働についての現行法の規定（労働基準法36条4項）に基づく助言指導等を総合的に推進すること。

4 年次有給休暇制度の見直し
法律において上限日数（5日）を設定した上で，労使協定により当該事業場における上限日数や対象労働者の範囲を定めた場合には，時間単位の年次有給休暇の取得を可能にすること。

5 自由度の高い働き方にふさわしい制度の創設
一定の要件を満たすホワイトカラー労働者について，個々の働き方に応じた休日の確保及び健康・福祉確保措置の実施を確実に担保しつつ，労働時間に関する一律的な規定の適用を除外することを認めること。

(1) 制度の要件
① 対象労働者の要件として，次のいずれにも該当する者であることとすること。
　i 労働時間では成果を適切に評価できない業務に従事している者であること
　ii 業務上の重要な権限及び責任を相当程度伴う地位にある者

であること
iii 業務遂行の手段及び時間配分の決定等に関し使用者が具体的な指示をしないこととする者であること
iv 年収が相当程度高い者であること
　なお対象労働者としては管理監督者の一歩手前に位置する者が想定されることから，年収要件もそれにふさわしいものとすることとし，管理監督者一般の平均的な年収水準を勘案しつつ，かつ社会的にみて当該労働者の保護に欠けることとならないよう，適切な水準を当分科会で審議した上で命令で定めることとする。

●使用者代表委員から，年収要件を定めるに当たっては，自由度の高い働き方にふさわしい制度を導入することのできる企業ができるだけ広くなるよう配慮すべきとの意見があった。

② 制度の導入に際しての要件として，労使委員会を設置し，下記(2)に掲げる事項を決議し，行政官庁に届出ることとすること。
(2) 労使委員会の決議事項
① 労使委員会は，次の事項について決議しなければならない。
　i 対象労働者の範囲
　ii 賃金の決定，計算及び支払方法
　iii 週休2日相当以上の休日の確保及びあらかじめ休日を特定すること
　iv 労働時間の状況の把握及びそれに応じた健康・福祉確保措置の実施
　v 苦情処理措置の実施
　vi 対象労働者の同意を得ること及び不同意に対する不利益取扱いをしないこと
　vii その他（決議の有効期間，記録の保存等）

② 健康・福祉確保措置として,「週当たり40時間を超える在社時間等がおおむね月80時間程度を超えた対象労働者から申出があった場合には,医師による面接指導を行うこと」を必ず決議し,実施すること。
(3) 制度の履行確保
① 対象労働者に対して,4週4日以上かつ一年間を通じて週休2日分の日数 (104日) 以上の休日を確実に確保しなければならないこととし,確保しなかった場合には罰則を付すこと。
② 対象労働者の適正な労働条件の確保を図るため,厚生労働大臣が指針を定めること。
③ ②の指針において,使用者は対象労働者と業務内容や業務の進め方等について話合うこと。
④ 行政官庁は,制度の適正な運営を確保するために必要があると認めるときは,使用者に対して改善命令を出すことができることとし,改善命令に従わなかった場合には罰則を付すこと。
(4) その他
対象労働者には,年次有給休暇に関する規定 (労働基準法39条) は適用すること。

●労働者代表委員から,自由度の高い働き方にふさわしい制度については,既に柔軟な働き方を可能とする他の制度が存在すること,長時間労働となるおそれがあること等から,新たな制度の導入は認められないとの意見があった。

6 企画業務型裁量労働制の見直し
① 中小企業については,労使委員会が決議した場合には,現行において制度の対象業務とされている「事業の運営に関する事項についての企画,立案,調査及び分析の業務」に主として従事する労働者について,当該業務以外も含めた全体についてみ

なし時間を定めることにより，企画業務型裁量労働制を適用することができることとすること。
② 事業場における記録保存により実効的な監督指導の実施が確保されていることを前提として，労働時間の状況及び健康・福祉確保措置の実施状況に係る定期報告を廃止すること。
③ 苦情処理措置について，健康確保や業務量等についての苦情があった場合には，労使委員会で制度全体の必要な見直しを検討すること。

●労働者代表委員から，企画業務型裁量労働制の見直しについて，二重の基準を設定することは問題であり，また対象者の範囲を拡大することとなるので認められないとの意見があった。

7 管理監督者の明確化
(1) スタッフ職の範囲の明確化
管理監督者となりうるスタッフ職の範囲についてラインの管理監督者と企業内で同格以上に位置付けられている者であって，経営上の重要事項に関する企画立案等の業務を担当するものであることという考え方により明確化すること。
(2) 賃金台帳への明示
管理監督者である旨を賃金台帳に明示すること。

8 事業場外みなし制度の見直し
事業場外みなし制度について，制度の運用実態を踏まえ，必要な場合には適切な措置を講ずること。

Ⅲ 労政審議会の答申と立法手続

1 労働契約法の制定

(1) 労政審議会の会長は,2006(平18)年12月27日,厚生労働大臣に対し,「今後の労働契約法制の在り方」及び「今後の労働時間法制の在り方」については「労働条件分科会の報告のとおり」とする旨を答申。厚労省において,審議の過程で出された労使各側委員の意見を斟酌しつつ,労働契約法の制定,労働基準法の改正をはじめ所要の措置を講ずることが適当であるとした。

(2) 厚生労働大臣は,翌年の1月25日,労政審に対し,「労働契約法案要綱」及び「労働基準法の一部を改正する法律案要綱」諮問。2月2日の審議会において,労働者側は,「自己管理型労働制」や「企画業務型裁量労働制」の見直しについて,使用者側は,「割増賃金の引き上げ」について認められないとの意見があったことを付記し,これを除く条項について「おおむね妥当」と答申した。

(3) 3月13日,労働契約法案の通常国会への提出を閣議決定。2007(平19)年11月8日,政府案を一部修正の上,衆院で可決。同年11月28日,参議院で可決,同年12月5日法律128号として「労働契約法」が制定された。2008(平20)年4月1日施行。

労働契約法については,章を改め第4章で概観することにする。

2 労働基準法の一部改正

労働条件分科会で審議した労働時間については,労働基準法の一部を改正する法律(平20年法89号)として,2007(平19)年3月13日,第170回国会で成立,平22年4月1日より施行となった。内

第3章 「労働契約法」の立法過程

容は，(1)時間外労働（36条第2項関係，37条第1項関係，37条第3項関係），(2)年次有給休暇（39条第4項関係），(3)その他となっている。

第4章
労働契約法の概要

「労働契約法」は，第1章 総則，第2章 労働契約の成立及び変更，第3章 労働契約の継続及び終了，第4章 期間の定めのある労働契約，第5章 雑則から構成されている。ここでは，この編別構成に従い，全体を，Ⅰ 総論，Ⅱ 労働契約の成立及び変更，Ⅲ 労働契約の継続及び終了，Ⅳ 期間の定めのある労働契約に分けてその概要を見ていくことにする。

Ⅰ 総　　論

1　第1条（目的）

(1)　労働契約法は，立法目的として，「この法律は労働者及び使用者の自主的な交渉の下で，労働契約が合意により成立し，又は変更されるという合意の原則その他労働契約に関する基本的事項を定めることにより，合理的な労働条件の決定又は変更が円滑に行われるようにすることを通じて，労働者の保護を図りつつ，個別の労働関係の安定に資することを目的とする。」旨を明確にしている。

2007(平19)年3月の政府提出の法案では，「合意の原則及び労働契約と就業規則との関係等を定めることにより」となっていたが，国会の審議の過程で「合意の原則その他」と修正された。しかし，「成立・変更」についての合意の原則は，9条の就業規則変更の「合理性の推定」とあいまって，就業規則の変更による労働条件の変更に法的な根拠を与えるものではないかという批判は残る。

(2)　合意の原則は契約法の大原則である。しかし経済的な勢力関係，情報の非対称性，法的従属性などから労働関係では，合意の原則がそのままでは貫徹されないというところから労働法が生まれてきているのである。そのために第1条では，「労働者の保護」と

「個別の労働関係の安定」が労働契約法の目的であることが明確にされている。

(3) さらに「合意の原則」には,「合意の瑕疵」(公序良俗,強迫,詐欺,錯誤による意思表示の無効・取消)の法理が含まれるとみるべきであろう。

2 第2条(定義)

(1) 労働契約法は,労働者及び使用者の定義につき,「労働者」とは,「使用者に使用されて労働し,賃金を支払われる者」をいう(1項)とし,「使用者とは,その使用する労働者に対して賃金を支払う者」をいうとしている。これに対し,労基法9条では,「労働者」とは「事業に使用される者で,賃金を支払われる者」をいうとし,10条では,「使用者とは,事業主又は事業の経営担当者その他その事業の労働者に関する事項について,事業主のために行為するすべての者をいう」と規定している。労基法は,罰則と監督行政との関係から,政策的に「事業に使用される者」という限定をつけたものであるから,「労働契約法」上の「労働者」よりは狭いといわざるをえない。例えば労基法116条により,「同居の親族のみを使用する事業」と「家事使用人」は,労基法の適用を除外されている。しかし労基法の規定でも「公序として民事上の効力を持つ規定」は適用されるから,労働契約に関するかぎりでは,ほとんど差がないといってよい。民法では,他人の労務を利用する契約を雇用,請負,委任に分けて規定しているが,労働契約は,民法の典型契約にはとらわれず,社会経済関係における事実上の不平等と労働者の企業への従属性を生み出した契約関係に着目して構成された概念であり,その意味では,無名契約の類型に属する。

(2) 労働契約法は,労働契約法制定過程において,労働側が強

く主張した経済的従属関係にある個人請負・委託等の「労働者性」（偽装労働者）の問題には触れていないから，自営業者が労働契約上の「労働者」に該当するかどうかが問題となる。しかし「労働契約法」が使用従属性を基準として「労働者」概念を構成していることから，家内労働者，個人企業の労働者も使用従属関係がみられる限り，「労働者」に該当するとしているとみてよいであろう。

(3)　「使用者」概念についても，派遣，請負，委任（委託）関係の派遣先，注文主，委任者の使用者性をどのようにみていくのかという問題は，労働契約法でも明らかにされていないから，法的な解明は，依然として今後の課題として残されている。

3　第3条（労働契約の原則）

(1)　労働契約法は，3条において，①対等決定の原則（「労働契約は，労働者及び使用者が対等な立場における合意に基づいて締結し，又は変更すべきものとする。」），②均衡処遇の原則（「労働契約は，労働者及び使用者が就業の実態に応じて，均衡を考慮しつつ締結し，又は変更すべきものとする。」），③「仕事と家庭生活の調和」の原則（「労働契約は，労働者及び使用者が仕事と生活の調和にも配慮しつつ締結し，又は変更すべきものとする。」），④信義誠実の原則（「労働者及び使用者は，労働契約を遵守するとともに，信義に従い誠実に，権利を行使し，及び義務を履行しなければならない。」），⑤権利濫用の法理（「労働者及び使用者は，労働契約に基づく権利の行使に当たっては，それを濫用することがあってはならない。」）という契約法の基本原則を掲げている。2項の均衡処遇の原則及び3項の「仕事と家庭生活の調和」の原則は，国会審議の際，野党（民主党）の修正によって挿入されたものである。

(2)　対等決定の原則や信義誠実の原則，権利濫用の法理は，民法

の契約法の基本原則であり，労働法の分野でも，判例法の指導理念となっているものであるが，労働契約法は，労働契約の原則として改めて掲げるとともに，新たに「均衡処遇の原則」，「仕事と家庭生活の調和の原則」を労働契約の基本原則とした。これは，重要な意味をもっていると理解すべきである。とくに正社員と同一ないし同一価値労働に従事しながら差別的な処遇を受けているパート労働者・臨時労働者などの非典型雇用労働者の差別の問題が，「就業の実態」と「均衡を考慮しつつ」，今後，是正されることが展望される。

(3) 「仕事と家庭生活の調和の原則」も，ワーク・ライフ・バランス（WLB）を労働契約の原則としたものであり，労働者の「人間の尊厳」や「労働は商品ではない」という国際的基準としての「労働の価値」を労働契約の基本理念の一つとした点に意味がある。

4　第4条（労働契約の内容の理解の促進）

民法の雇用契約は諾成契約であるから，労働契約も基本的には口約束だけでも成立するが，その内容を明確にするため，4条1項は，有効に締結又は変更された労働契約の内容については「労働者の理解を深めるようにすべき義務」を使用者に課し，4条2項は，労働契約の内容（期間の定めに関する事項を含む）について，労使双方は，「できる限り書面により確認するものとする」としている。

労働契約の締結過程における労働条件の明示義務は，募集の際の明示義務（職安法5条の3第2項），労働契約締結の際の明示義務（労基法15条）として，職安法，労基法上，罰則付で定められているし，労働条件のうちの重要な事項については，書面による明示が義務づけられている。この点に関し労働契約法では，書面による明示を要式行為とはせず，「理解を深めるようにするものとする」と

し，2項でも「できる限り書面により確認するものとする」いう表現に止めている。したがって募集・採用の段階での手続的な規定としては，職安法，労基法に譲り，「あえて誤解を与えるような明示の仕方」をすれば，信義則とあいまって不法行為に基づく損害賠償責任が発生することを明らかにしたものとみてよいであろう。

5　第5条（労働者の安全への配慮）

労災補償に関連して使用者が労働契約上安全配慮義務を負うことは，判例法上確立されている。すなわち「労働契約に付随する義務として，使用者は，労働者が労務を提供する過程において，労働者の生命及び身体などを危険から保護すべき義務を負」う（電通事件・最(二小)判平12・3・24）とされているのである。労働契約法は，これを受けて5条で，使用者は「労働契約にともない，労働者がその生命，身体等の安全を確保しつつ労働することができるよう，必要な配慮をするものとする」としてその旨を成文法化した。

II　労働契約の成立及び変更

第2章は，「労働契約の成立及び変更」となっているが，労働契約が当事者の合意により成立し（6条），合意によりその内容を変更しうる（8条）旨の規定を除けば，すべて就業規則にかかわる規定である。したがって「労働契約の概念」と「労働契約と就業規則」，「就業規則の不利益変更」の三つの問題に分けてみていくことにする。

1　労働契約の概念

(1)　第6条は，「労働契約の成立」と題し，「労働契約は，労働者が使用者に使用されて労働し，使用者がこれに対して賃金を支払う

ことについて，労働者及び使用者が合意することによって成立する」旨規定している。労働契約が契約である以上，合意により成立することは当然のことであるが，労基法が第2章を「労働契約」とし，労働契約に対する法的規制を行っているにもかかわらず，労基法それ自体には「労働契約」の定義規定を設けていないため，労働契約の概念は，判例学説によってつくられてきた。それを背景に6条による定義規定が設けられたものであるといえるであろう。

(2) 民法第3編第2章「契約」は，13種類の契約類型を規定している。現実の社会における契約関係は多種多様であり，ローマ法以来の歴史を有しているので，主要な契約関係を類型化して把握しようとしたものである。これを通常「典型契約」または「有名契約」と呼んでいるが，物権法と異なり，契約法では，契約自由の原則が支配するから，契約類型は，典型契約に限定されるものではないし，民法の掲げる典型契約は強行法規ではないから，契約の内容もこれに制約されるものではない。

(3) 民法の典型契約は，機能的にみて「他人の労務を利用する契約」類型を「雇用」（民法623条〜631条），「請負」（同法632条〜642条），委任（同法643条〜656条）の3種類に分類している。民法623条は，「雇用は，当事者の一方が相手方に対して労働に従事することを約し，相手方がこれに対してその報酬を与えることを約することによって，その効力を生ずる」と規定する。労働契約は，この規定からも明らかなように雇用契約の一分枝としての性格をもちながら，そこから分化独立したものである。
イ 産業革命後の資本主義社会の進展にともなって大量に生み出された近代的な労働者は，独自の社会的地位におかれることになった。労働者は，自己の労働力以外には売るものをもたず，労働しなければ生活していくことができない。いくら契約の自由が法

的に保障されているとはいえ、それはせいぜい「雇主を選択する自由」にほかならず、「雇主をもたざる自由」ではないのである。したがって労働者は、階級全体としての使用者に見えざる糸によってつながれているということができる。労働者のおかれたこのような経済的・社会的に独立でない状態が、労働契約を媒介とする労働関係の成立を事実上強制し、契約締結の際の不自由・不平等な関係を生み出しているのである。

ロ　さらに労働者が企業に雇われると、その労働力は、単なる物的要因として生産手段にむすびつけられる。そこにおいては労働者の主体性は否定され、労働者の労働力は、所有権の作用として現われる指揮命令関係によって統轄される。すなわち、労働者は、自らの自由裁量に基づいて労働することができず、使用者の権力の下で、その指揮命令にしたがった労働を遂行し、監督に服し、罰則にさらされるのである。

ハ　労働者のおかれた経済的・社会的に独立でない状態は、通常、経済的従属性と呼ばれ、労働契約を媒介として生ずる使用者の指揮命令権に拘束された状態は、法的従属性あるいは人格的従属性と名づけられているが、両者は相互に切り離された別個のものではなく、有機的関連性をもつものとして把握すべきである。経済的従属性は契約を媒介とする法的従属性を必然化し、法的従属性は、経済的従属性の上に展開されているのである。

ニ　労働者の生きるための要求は、ストライキをかけての団体交渉となり、「協約なければ労働なし」といわれるくらい広範な労働運動となり、やがて団結権の保障、労働保護法の制定となって結実した。このような動きが、契約自由の原則を柱とする民法の雇用を修正し、労働者の生存権の確保を理念とする労働法という新しい法の分野を形成するようになったのである。

第4章 労働契約法の概要

(4) 労働法の主要な領域を占める労働契約も，契約法の領域において独自の法概念として歴史的に形成されたものである。すなわち労働契約は，民法の典型契約にとらわれず，社会経済関係および契約締結過程における事実上の不平等性を法的にも克服するものとしてたてられた概念である。したがって民法上の雇用はほぼ全面的に労働契約に包摂されるが，法形式的に請負・委任となっていても，その者の労働の実態から，労基法その他の労働保護法の適用が認められる「労働者」とされ，その者と注文主ないし委任者との契約が労働契約とされる場合がありうる。この点で労働契約は，民法の契約法の類型で分類するとすれば，無名契約に位置するということができる。

(5) 典型契約における「他人の労働を利用する関係」と労働契約の対象となる労働は，「従属労働」あるいは「労働の従属性」という概念で区別することができる。「従属労働」は，資本主義社会における労働関係の特質と労働法が出現せざるをえなかった必然性とを統一的にとらえようとしてもち出されたものである。

(6) 従属労働は，労働法の中心概念であると同時に，労働法規の適用の有無を決定する基準としての意味をもつ。しかし法律によっては，その法律の適用をうける労働者の範囲を政策上の必要性から特に限定している場合がある。例えば労働組合法では，3条で「労働者とは，職業の種類を問わず，賃金，給料その他これに準ずる収入によって生活する者をいう」と規定しているが，これは団結権の保障という目的から，労働者のおかれた社会的，経済的地位に着目し，労働者の範囲をとらえようとしたものである。したがって，現在は，失業中あるいは退職中の者であっても，本来，賃金・給料等によって生活することが予定されているものは，同条の労働者の中に含まれる。

これに対し、労働基準法では、9条に「労働者とは、職業の種類を問わず、前条の事業又は事務所に使用される者で、賃金を支払われるものをいう」と規定し、8条で適用事業（所）を列挙しているが、これは労働者保護の視点から、使用従属関係の存在に着目してたてられたものである。それゆえ、かりに労働契約がなんらかの原因で無効の場合であっても、働いているという事実、つまり使用従属関係があれば労基法は適用される。

(7) 請負、委任という契約形態をとっていても、そこに従属労働関係がみられるときには労働契約関係があるとみることができるが、いわゆるインフォーマルセクターで働く個人企業主とその家族、あるいは個人企業家ないしはこれに準ずるような超零細企業で働く労働者等をどのように扱うかということが労災保険や雇用保険、あるいは健康保険等の適用の点で問題となる。現行法でも、家内労働法や下請法等による類似の保護がありうるが、法政策的には、検討すべき問題の一つである。

2 労働契約と就業規則

近代的な企業は、多数の労働者を継続的に雇用し、各職場に配置し、一定の秩序の下に同時に労働させなければならないから、労働条件の基準、職場の組織・機構、人事の準則、服務規律等を画一的・統一的に定める必要がある。このような企業運営上の必要性から生まれてきた「職場のきまり」が就業規則である。しかし労働市場における経済的優位性を背景に、使用者は自己に有利な就業規則を制定しがちであった。しかも労働者は、採用に際し、このような就業規則を全面的にのまざるを得ない。そこで労働者は団結することにより、団体交渉を行い、協約という形で就業規則に代わる労働条件の基準を定めるようになった。また、就業規則の制定を使用

者の自由に任せておくことから生じる弊害を除去するため，国家は，従来，使用者が一方的に決めていた賃金，労働時間などの重要な労働条件について労働保護法を制定するようになり，また就業規則それ自体に対しても，作成を義務づけたり，必ず記載しなければならない事項を定めたりして一定の法的規制を加えるようになった。わが国では，労働基準法が，就業規則の作成義務を定める（89条）とともに，就業規則に労働条件についての最低基準としての規範的効力（92条，93条→労働契約法12条に移行）を認め，労働契約の内容の明確化を図っている。

(1) 労働契約法は，7条本文において「労働者及び使用者が労働契約を締結する場合において，使用者が合理的な労働条件が定められている就業規則を労働者に周知させていた場合には，労働契約の内容は，その就業規則で定める労働条件によるものとする」と規定する。

イ 労基法は，就業規則の作成義務とともにその記載事項を定めている。就業規則の内容には，労基法上必ず定めなければならない必要的記載事項と使用者が自由に定めうる任意的記載事項とがある。必要的記載事項は労基法89条に列挙されているが，その中には就業規則の制定に不可欠な絶対的必要的記載事項と一定の定め（職場の慣行として行われている不文のものも含まれる）をするときには必ず記載しなければならない相対的必要的記載事項とがある。つぎのうちの①から③までは絶対的必要的記載事項，③の2から⑩までが相対的必要的記載事項である。

① 始業及び終業の時刻，休憩時間，休日，休暇並びに労働者を二組に分けて交替に就業させる場合においては就業時転換に関する事項

② 賃金（臨時の賃金を除く。）の決定，計算及び支払の方法，賃

金の締切り及び支払の時期並びに昇給に関する事項
③　退職に関する事項（解雇の事由を含む。）
③の2　退職手当の定めをする場合においては，適用される労働者の範囲，退職手当の決定，計算及び支払の方法並びに退職手当の支払の時期に関する事項
④　臨時の賃金等（退職手当を除く。）及び最低賃金額の定めをする場合においては，これに関する事項
⑤　労働者に食費，作業用品その他の負担をさせる定めをする場合においては，これに関する事項
⑥　安全及び衛生に関する定めをする場合においては，これに関する事項
⑦　職業訓練に関する定めをする場合においては，これに関する事項
⑧　災害補償及び業務外の傷病扶助に関する定めをする場合においては，これに関する事項
⑨　表彰及び制裁の定めをする場合においては，その種類及び程度に関する事項
⑩　前各号に掲げるもののほか，当該事業場の労働者のすべてに適用される定めをする場合においては，これに関する事項

ロ　労働契約法は，7条本文で「合理的な労働条件が定められている就業規則を労働者に周知させていた場合には，労働契約の内容は，その就業規則で定める労働条件によるものとする」と規定するが，そもそも労働者を採用するときには，使用者は，労働条件を明示しなければならないのである。職安法5条の3は，労働者の募集に際し，「従事すべき業務の内容及び賃金，労働時間その他の労働条件」を明示すべき義務を課し，労基法15条は，重ねて労働契約の締結に際し，「使用者は，労働者に対して賃金，労働時間その他の労働条件を明示しなければならない。」と定めて

いる。

契約の締結に際して明示しなければならないのは,「賃金,労働時間その他の労働条件」である。ここにいう労働条件とは,労基法2条にいう労働条件と同じであり,労働契約の内容となりうるものをいうが,具体的には,労基法施行規則5条でつぎのように定められている。

(イ) 明示しなければならない労働条件
① 労働契約の期間に関する事項
①の2 就業の場所及び従事すべき業務に関する事項
② 始業及び就業の時刻,所定労働時間を超える労働の有無,休憩時間,休日,休暇並びに労働者を二組以上に分けて就業させる場合における就業時転換に関する事項
③ 賃金(退職手当,臨時に支払われる賃金等を除く)の決定,計算及び支払の方法,賃金の締め切り及び支払の時期並びに昇給に関する事項
④ 退職に関する事項(解雇の事由を含む)
④の2 退職手当の定めが適用される労働者の範囲,退職手当の決定,計算及び支払の方法並びに退職手当の支払の時期に関する事項
⑤ 臨時に支払われる賃金(退職手当を除く),賞与,精勤手当・能率手当等の臨時的賃金並びに最低賃金に関する事項
⑥ 労働者に負担させるべき食費,作業用品その他に関する事項
⑦ 安全及び衛生に関する事項
⑧ 職業訓練に関する事項
⑨ 災害補償及び業務外の傷病扶助に関する事項
⑩ 表彰及び制裁に関する事項
⑪ 休職に関する事項

(ロ) 明示の方法　労働条件の明示は口頭でもよいが，上記の①から④までの事項（昇給に関する事項を除く）は，とくに重要であるので，書面を交付する方法で明示しなければならない（労基法15条1項，同施行規則5条2項，3項）。上記の②以下の項目は就業規則の必要的記載事項と同じであるので，就業規則を交付すれば足りるとされている（昭29・6・29基発355）。

(ハ) パートタイム労働者も労基法上の労働者であるから，労基法15条の適用をうけるが，従来，ややもすれば口頭の明示ですませる企業が多かったため，パート労働法6条により，パートタイム労働者を雇い入れたときには，労基法15条により文書交付が義務づけられている事項に加え，昇給，退職手当，賞与の有無を文書の交付等（電子メール）により明示しなければならないと定められた。これに違反した場合には，過料（10万円）に処せられる。

(ニ) 派遣労働者については，派遣労働法34条により，派遣元事業主が労働者の派遣をしようとするときには，労働者に対して①従事する業務の内容，②派遣事業所の名称及び所在地その他就業の場所，③就労につき直接指揮命令をする者に関する事項，④期間及び就業日，⑤就業開始及び終業時刻と休憩時間，⑥安全および衛生，⑦派遣元責任者及び派遣先責任者に関する事項，⑧あらかじめ定められた就業日以外または就業時間以外に派遣労働者を就業させることができる旨の定めがある場合には，就業させることができる日及び延長することができる時間数，⑨派遣先との間に派遣先施設，設備の利用，食堂の利用，制服の貸与などに関する定めがある場合にはその定め等を明示しなければならないとされている。これらの事項の明示は，「原則として書面の交付により行わなければならない。」（施行規則25条）。

なお建設労働者雇用改善法7条は，建設労働者を雇い入れた

ときは，速やかに事業主の氏名・名称，事業場の名称・所在地，雇用期間ならびに従事すべき業務の内容を明らかにした文書を交付しなければならない旨を定め，書面による明示義務の範囲をさらに拡大している

(ホ) 明示義務違反　使用者が労基法15条に違反して，労働条件を明示せず，または賃金に関する事項について定められた方法で明示しない場合には，30万円以下の罰金に処せられる（120条1号）。労基法15条は，労働契約の締結に当って，労働者が労働条件の内容を知りうる状態にするために設けられたものであり，その趣旨は労基法106条の周知義務と同じである。仮に明示されなかったとしても，法令，就業規則等の定める労働条件は，それぞれの規範的効力により労働契約の内容となるものであり，契約それ自体が無効となるものではない。明示義務違反の罰則は，労働条件を明示しなかったという不作為に対して課せられるものである。

ハ 「労働契約の期間」や「就業の場所及び従事すべき業務」は，個々の労働者によって異なるから，採用時の労働条件の明示義務によって個別的に明示しなければならないが，それ以外は，就業規則の必要的記載事項とほとんど同じであるので，就業規則を明示すればよいとされている。しかし就業規則の記載事項には，⑩号において，「前各号に掲げるもののほか，当該事業場の労働者のすべてに適用される定めをする場合においては，これに関する事項」が加えられているため，「事業場の労働者のすべてに適用される定め」を周知させた場合には，それが合理的である限り，労働契約の内容となることになる。したがって，「統一的な定め」が「合理的である限り，労働契約の内容となる」のか，就業規則のうち，「労働条件の基準」だけが規範的効力をもつのかということが問題となる。

(2) 労働契約法7条は、但書において「労働契約において、労働者及び使用者が就業規則の内容と異なる労働条件を合意していた部分については、第12条に該当する場合を除き、この限りではない」と規定し、12条においては、「就業規則で定める基準に達しない労働条件を定める労働契約は、その部分については、無効とする。この場合において、無効となった部分は、就業規則で定める基準による」と規定し、労働契約に有利原則を認めている。それゆえ、例えば就業規則で1日7時間労働と定められているときに、労働契約でこれよりも不利な7時間半労働の約束をしても、それは無効となり、7時間労働の労働契約を締結したとみなされるわけである。

さらに就業規則は、法令および労働協約に反することはできない (13条) 旨、定める。したがって労基法などで定められた基準以下の労働条件を就業規則に規定することは許されないし、また協約を下回る労働条件を就業規則で決めることも許されない。

3 就業規則の不利益変更と労働契約

(1) 労働契約が労使の合意のうえ成立している以上、労働者との合意なしに労働契約の内容の変更ができないことは、契約法上当然のことである。労働契約法も、6条および9条でその旨を明記している。したがって、いくら赤字経営に陥ったからとはいえ、労働者の同意や就業規則等による明確な根拠を欠く労働条件の不利益変更は無効とされる。もっとも労働条件を労働者に有利に変更するときには、労働者は異議をとなえないであろうから、その時点で黙示の合意により労働契約の内容が変更されたものとみなすことができる。同様に不利益変更の場合でも、労働者が不満を抱きながらも、黙ってそのまま働けば、黙示の承諾による契約内容の変更がなされたとみなされる場合がありうる。

(2) 使用者が就業規則の規定を労働者に不利に変更したり，あるいは不利な規定を新設した場合に，これらの規定が直ちに労働者を拘束するか否かは，就業規則の本質に係わる問題であり，学説判例においても争いの多いところであった。就業規則で55歳定年制を新設したことが争われた秋北バス事件において，最高裁(大)昭43・12・25判決は，新たな就業規則の作成または変更によって，労働者に不利益な労働条件を一方的に課すことは，原則として許されないが，「労働条件の集合的処理，特にその統一的かつ画一的な決定を建前とする就業規則の性質からいって，当該規則条項が合理的なものであるかぎり，個々の労働者において，これに同意しないことを理由として，その適用を拒否することは許されない」と判示し，ついで大曲市農協事件・最高裁(三小)昭63・2・16判決は，就業規則の条項が「合理的なものであるとは，当該就業規則の作成又は変更が，その必要性及び内容の両面からみて，それによって労働者が被ることになる不利益の程度を考慮しても，なお当該労使関係における当該条項の法的規範性を是認できるだけの合理性を有するものであることをいう」とし，とくに「賃金，退職金など労働者にとって重要な権利，労働条件に関し実質的な不利益を及ぼす就業規則の作成又は変更については，当該条項が，そのような不利益を労働者に法的に受認させることを許容できるだけの高度の必要性に基づいた合理的な内容のものである場合において，その効力を生ずる」と述べている。

　労働契約法10条は，このような判例法の流れをうけて規定されたものであり，「使用者が就業規則の変更により労働条件を変更する場合において，変更後の就業規則を労働者に周知させ，かつ，就業規則の変更が，労働者の受ける不利益の程度，労働条件の変更の必要性，変更後の就業規則の内容の相当性，労働組合等との交渉の状況その他の就業規則の変更に係る事情に照らして合理的なもので

あるときは，労働契約の内容である労働条件は，当該変更後の就業規則に定めるところによるものとする。」と定めている。したがって，①必要性，②相当性，③不利益の程度，④労働組合等との協議，⑤周知義務等を満たしているときには，就業規則による不利益変更が合理性のあるものとして認容されるわけである。

(3) 就業規則の変更の手続については，労基法89条，90条の定めるところによる（労働契約法11条）。

Ⅲ 労働契約の継続及び終了

労働契約の内容は，労働契約の中心をなすものであるから，その内容も膨大であり，これまでに形成されてきた判例学説も豊富であるが，労働契約法は，第3章「労働契約の継続」として，僅かに出向（14条）と懲戒（15条）の二つをとりあげ，正当とされる場合の基準を掲げるのみで，すぐに「労働契約の終了」解雇（16条）の問題に移っている。

1 出 向

近代的な企業は，経営上必要とする適格者を採用し，各職場に配置するが，企業が必要とする業務の内容は，企業活動に応じて変化するし，労働者側も一つの職務に熟練し，能力が向上するにつれて，より高度の職務を担当することができるようになる。特にわが国の正規従業員については，定期的な人事異動による昇進・昇格が行われている。人事異動は，このような企業経営上の必要性から行われているが，技術革新や経営の多角化，不良採算部門の閉鎖・縮小，外注・下請化，企業の地方への進出，多国籍化といった企業経営の変動は，配転・出向を飛躍的に増大させた。出向は，このような人

事異動の一環として行われるのである。

(1) 出向は，関連会社への人事支配・監督，技術指導，関連会社ないし新設会社への人材の供給，親会社における管理職等の頭打ち人事の救済ないし余剰人員の整理，従業員の能力の開発等を目的として行われているが，出向元会社の従業員としての身分を保持したまま，出向先会社の指揮命令に服してその業務を遂行することを一般に出向（在籍出向）と呼び，従業員としての身分を失い，移籍先会社の従業員として就労する場合を，移籍ないしは移籍出向と呼んでいる。しかし移籍出向は，期間が定められ，再雇用が約束されているとしても，法的には退職と採用という二段の手続が行われているわけであるから，出向（在籍出向）とは区別してみていかなければならない。

2 懲　戒

近代的な企業にあっては，使用者は，多数の労働者を同時に使用しなければならないため，統一的な服務規律・企業秩序を定め，企業目的に従った組織的な活動を展開することが必要である。そのために使用者は，企業運営に不可欠な統一的な服務規律・企業秩序を定め，労働者にこれを遵守するよう要求し，違反に対しては警告を発し，場合によっては一定の制裁を課し，違反の甚だしい者に対しては企業外に放逐すること（解雇ないし懲戒解雇）が認められている。

労基法は，保護法的な配慮から，このような「事業場の労働者のすべてに適用される定め」を労働契約の締結時に明示すべきことを義務づけ（労基法15条，同施行規則5条），かつ就業規則の必要的記載事項（労基法89条1項10号）としている。したがって具体的な服務規律・企業秩序の内容は，多くの場合，就業規則に明記されている。就業規則上の服務規律・企業秩序の規定は，企業により多岐

に亘るが，大別すれば，①服務に関する基本原則，②労務提供のあり方に関するもの，③労働契約上の信頼関係に関するものに分けることができる。これらの規定のうち，使用者の所有権に基づく施設管理に関するものは，これに対する違反が物権侵害となるので，定めがなくとも刑事上民事上の責任を負うことになる。しかしその他の規定は，それが労働者に対する関係で法的な効力をもつのは，労働契約上の労働者の労務提供義務を具体化するものであるからにほかならない。

(1) 懲 戒 権

イ 懲戒権の法的根拠

　労働者の就労中の非違行為に対しては，法的には債務不履行ないし不法行為に基づく契約の解除，損害賠償請求などの民事上の制裁があるが，このほかに使用者には，懲戒処分を行う権限が認められている。その法的根拠についての判例学説は多岐に亘るが，大別すれば，①企業に内在する本質的な要請，企業運営上の必要性等から，使用者は本来固有の権能として懲戒権を有するとするもの（固有権説），②就業規則の懲戒の定めを媒介として労使間の合意に根拠を求めようとするもの（契約説），③労基法89条・91条ないし93条に実定法上の根拠を求めるもの（法規範説）等に分かれる。しかし，企業運営上の必要性から懲戒の制度を設けることが不可避であるとしても，それが直ちに労働者を拘束する懲戒権に結びつくとみるのは困難であるし，10人未満の事業場に就業規則の作成義務が課されていないことから，就業規則の懲戒規定が労基法93条を媒介として労働契約を規律すると解することも不十分である。労働契約上の個人責任の追及とは別個に，秩序罰としての制裁の制度を設けようとする以上は，あくまでも労働者との合意に根拠を求めざるをえないであろう。このよう

な合意があれば、使用者に懲戒権が認められるのは、労働契約における労務の提供が労働者の人格を媒介としているため、労働契約の履行の直接的強制ができないこと、近代的な企業の運営には、統一的な服務規律・企業秩序に従った労務の提供が不可欠であること等から、集団的組織的な秩序の維持を目的とした懲戒処分の制度を設けることに合理性があると認められたからにほかならない。労基法15条が、「制裁の定め」をする場合には、労働契約の締結に際して明示すべきことを義務づけ、89条9号が「制裁の定め」を就業規則の必要的記載事項の一つとしているのは、労働者との合意に基づく懲戒処分の制度の合法性を前提にしつつ、罪刑法定主義の建前から、これに一定の法的規制を加えたものである。したがって労働契約の締結時、あるいは就業規則において制裁の制度が明示されている場合に限って、使用者は懲戒処分をなしうることになる。

ロ　懲戒処分の限界

　使用者に懲戒権が認められる場合でも、その行使には一定の限界がある。

(イ)　懲戒処分は、法令および公序良俗に反することができない。例えば思想信条を理由とする懲戒処分や不当労働行為に該当するような懲戒処分は、それぞれ労基法3条、労組法7条1号に反して許されないし、減給の制裁については、労基法91条の制約がある。同様に協約や就業規則に定める懲戒の事由や手続に反することはできない。

(ロ)　懲戒処分は、いわば秩序罰である。したがって、つぎのような原則が妥当する。①罪刑法定主義の準用から、就業規則ないしこれに準ずるものに明記された事由および手続によることが必要である。②これらの規定は、過去に遡って適用することができない。(不遡及の原則)。③一度懲戒処分がなされた場合

には，同一事由で二度の処分はできない（一事不再理の原則・二重処分の禁止）。労働者の非違行為は直ちに是正すべきであり，黙認しておきながら，後に懲戒処分に付すことは許されない。④同一の服務規律違反には同種類，同程度の処分が対応しなければならない。したがって過去および他の労働者との対比における差別的取扱いは許されない。その意味では先例が拘束力を持つ場合が多い（公平の原則）。⑤懲戒処分は，社会的に相当とされる合理的なものでなければならない（相当性の原則）。つまり制裁の種類および程度が懲戒の趣旨・目的に照らしてバランスがとれていることが必要である。懲戒処分の種類や量定において客観的妥当性を欠くものは，権利の濫用とされる。⑥懲戒処分は，個々の労働者の行為を対象とするものであるから，いわゆる連座制などは認められない（個人責任の原則）。

　労働契約法16条は，使用者に懲戒権があるとみなされる場合に，懲戒処分が権利濫用で無効とされるときの判断基準として，懲戒事由に該当する「労働者の行為の性質及び態様その他の事情に照らして，客観的に合理的な理由を欠き，社会通念上相当であると認められない場合」をあげている。

ハ　懲戒処分の手続

　就業規則や協約において，「懲戒は，会社，組合各同数の委員をもって構成する懲戒委員会の審査に基づいて会社が決定する」とか，「懲戒処分は組合と協議のうえこれを行う」というように一定の手続を定めている場合がある。このような場合には，使用者は所定の手続をふむべき義務を負うから，手続上重大な瑕疵が認められる場合には，懲戒処分の効力は認められない。懲戒処分の手続についての定めがない場合でも，懲戒処分の本質からする一定の手続的な制約がある。すなわち決定の公正を確保するために使用者は，被処分者に対して制裁の事由を予め通知し，制裁を

決定する機関に出席を求め，防御（弁明）のために十分な機会を与えた上で慎重に決定することが必要である。

3 労働契約の終了

(1) 労働契約の終了の形態

雇用関係は，労働契約の終了によって消滅するが，労働契約の終了には，労使の意思にかかわりなく終了する場合と，労働者および使用者の意思によって終了させる場合とがある。労使の意思にかかわりなく労働契約が終了するのは，つぎのような場合である。

イ 解雇権の濫用

使用者の解雇の自由は，解雇を規制する法令，協約，就業規則等によって，さまざまな制約を受けているが，このような制約に反しない限り使用者は自由に解雇を行うことができるのか，なおかつ正当な事由を必要とするのかどうかが問題となった。学説は，①解雇の自由は，採用の自由と並んで企業運営上不可欠の原則であるから，解雇には正当な事由を必要としないという説，②労働権保障の建前から，あるいは同じ継続的債権関係である家屋の賃貸借や婚姻に正当事由が法的に要請されていることの類推解釈等から，解雇には正当な事由を必要とするという説，③資本主義社会においては，解雇の自由は否定できないが，労働権・生存権の思想，企業の公益性・社会性などから権利の濫用に亘る解雇は許されないとする説が対立していた。判例は，このうちの権利濫用説に依拠し，客観的に合理的理由のない解雇，および客観的理由はあるが，「社会通念上相当として是認することができない」解雇は解雇権の濫用として無効としている（日本食塩事件・最高裁（二小）昭50・4・25判決，高知放送事件・最高裁（二小）昭52・1・31判決）。

このような判例の流れをうけて平成15年に労基法の改正が行われ，18条の2に「解雇は，客観的に合理的な理由を欠き，社

会通念上相当であると認められない場合は、その権利を濫用したものとして、無効とする。」という規定が設けられた。なお同条については、改正法の附帯決議において、この「解雇ルールは、解雇権濫用の評価の前提となる事実のうち、圧倒的に多くのものについて使用者側に主張立証責任を負わせている現在の裁判実務を何ら変更することなく最高裁判所判決で確立した解雇権濫用法理を法律上明定したもの」であることが明らかにされている。労基法18条の2の規定は、「労働契約法」の制定に伴い、16条にそのまま移行した。

また労基法22条（退職時等の使用証明）は、解雇をめぐる紛争を未然に防止し、その迅速な解決を図るため、退職時の証明に加えて、解雇の予告を受けた労働者が、予告がなされた日から退職の日までに解雇の理由についての証明書を請求したときには、使用者は、遅滞なく交付しなければならない旨を定めている。

ロ　整理解雇

解雇の特殊な形態の一つに、不況に伴う雇用量の調整（整理解雇）がある。資本主義社会にあっては、私企業は景気変動の影響を免れることができず、不況による経営難を克服するために、企業はさまざまな対策をとるが、場合によっては、不採算部門ないし事業の縮小・廃止、雇用量の調整などを行って企業の生き残りを図ろうとする。不況による経営難は、必ずしも企業の側の責任ということはできないし、また私企業に採算を無視してまで労働者の雇用を義務づけることもできない。しかし企業は、今日ではその活動が、国民経済、国民生活と密接に結びつき、社会公共的な制度となっている。それゆえ企業の採算上はマイナスの要因にしかならないとしても、個別企業には、安全衛生施設や公害防除措置が義務づけられ、賃金や労働時間等の労働条件についても一定の法的規制がなされているのである。これと同じ企業経営に対

する制約の原理は，不況による雇用量の調整についても働く。まして整理解雇は，労働者の責任ではない理由によって一方的に職を奪い，労働者とその家族の生活を根底から脅かすものであるから，使用者側に責任のない経済的理由による整理解雇についても，なんらかの制約を設けることが必要になってくる。

　雇用の安定を図るために，国は，例えば雇用対策法において，大量（30人以上）の離職者が生じる場合には，使用者に公共職業安定所長への届出を義務づけ，広域職業紹介，転職訓練，移転就職者用宿舎の貸与等の措置を講ずるとともに，失業の予防，失業者の再就職の促進等の措置を総合的に推進していくことにしている。倒産の場合の未払賃金の立替払いの事業や失業保険なども，雇用安定のための国の施策の一環をなすものである。

　企業の側も，まず時間外労働や期末手当のカット，配転・出向，パート・アルバイト等の臨時労働者の削減を行い，雇用量を調節しようとする。しかし，このような方策を講じてもなお経営難をのり切れないときには，希望退職者の募集や指名解雇が行われるが，学説・判例は，解雇についてこれまで形成されてきた解雇権濫用の法理が整理解雇についても妥当するものとして扱っていこうとしている。すなわち整理解雇は，①企業の財政状態，操業状態等からみて，企業の存立維持のためにやむをえないと是認できる程度の必要性があったかどうか，②配転，一時帰休，希望退職者の募集等，労働者にとって解雇よりもより苦痛の少ない方策によって余剰労働力を吸収し，整理解雇を回避するための努力をつくしたかどうか，③労働組合ないし労働者の代表者に対し，事態を説明して了解を求め，人員整理の時期，規模，方法等について労働者側の納得が得られるよう努力したかどうか，解雇基準およびそれに基づく人選の仕方が客観的・合理的なものであるかどうかといった点を総合的に勘案して有効かどうかを判断していこう

としている。一般には以上の4つを，整理解雇の有効要件と呼んでいる。

Ⅳ 期間の定めのある労働契約

労働契約法は，第4章を期間の定めのある労働契約」とし，17条において，有期労働契約についての規定を設けていたが，2012年8月10日，労働契約法の一部を改正する法律（平24法律56号）が制定され，18条（有期労働契約の無期労働契約への転換），19条（有期労働契約の更新・雇止め法理の法定化），20条（期間の定めがあることによる不合理な労働条件の禁止）の規定が追加された。

1 民法の原則と労働基準法による規制

(1) 労働契約は，期間の定めをすることなく締結することもできるし，期間を定めて結ぶこともできるが，期間の定めのある労働契約を締結する場合には，民法の原則では最長期間は5年（とくに商工業見習者の場合は10年）と定められている（民法626条1項）。しかし労働関係における長期の契約は，人身の拘束や強制労働に亘る危険性がみられたので，労基法では，一定の事業の完了に必要な期間を定めるとき，および職業能力開発促進法に基づいて認定職業訓練を行う場合（労基法70条，71条）を除き，3年を超えてはならないとしている（労基法14条）。ただし①専門的な知識，技術または経験があって高度のものとして厚生労働大臣が定める基準（博士の学位を有する者，修士の学位を有し3年以上の経験を有する者，公認会計士，医師，弁護士，一級建築士，薬剤師，弁理士，社会保険労務士等（平10，労働省告示153号参照））との労働契約，および②満60歳以上の労働者との間に締結される労働契約にあっては，最長期間を5年とすることが認められている。

なお期間の定めのある労働契約を締結するときには，労働者の適切な労働条件を確保するとともにトラブルを防止するために，「有期労働契約の締結，更新及び雇止めに関する基準」（平15・10・22厚生労働省告示357号，平20・3・1一部改正）が出され，労働基準監督署は，この基準に基づいて必要な助言・指導を行うことができるようになっている。骨子は，つぎのようなものである。

① 使用者は，有期労働契約の締結に際し，労働者に対して，当該契約の期間満了後における更新の有無を明示しなければならない（書面による明示が望ましい）。

② 更新する場合がありうる旨を明示したときは，その際の判断の基準（a契約期間満了時の業務量，b労働者の勤務成績，c態度により判断する，d労働者の能力により判断する，e会社の経営状況により判断する，f従事している業務の進捗状況により判断する等）を明示しなければならない。契約締結後に「更新の有無」，「判断の基準」について変更するときは，速やかにその内容を明示しなければならない。

③ 有期労働契約が3回以上更新されているか，1年以下の短期契約が反復更新され，通算1年を超える場合に，有期労働契約を更新しない場合（予め当該契約を更新しない旨明示されているものを除く）には，使用者は，期間満了日の少なくとも30日前までに，その旨の予告をしなければならない。

④ この場合，労働者が「更新しないこととする理由」について証明書を請求したときは，遅滞なく交付しなければならない。また有期労働契約が更新されなかった場合に，労働者が「更新しなかった理由」について証明書を請求したときは，遅滞なく交付しなければならない。

⑤ 使用者は，有期労働契約を1回以上更新し，かつ雇入れの日から起算して1年を超えて継続勤務している有期契約労働者と

の契約を更新しようとする場合には、当該契約の実態および労働者の希望に応じて、契約期間をできる限り長くするように努めなければならない。

2 労働契約法による規制

(1) 労働契約法17条1項は、「使用者は、期間の定めのある労働契約について、やむを得ない事由がある場合でなければ、その契約期間が満了するまでの間において、労働者を解雇することができない」と定め、2項において、「使用者は、期間の定めのある労働契約について、その労働契約により労働者を使用する目的に照らして、必要以上に短い期間を定めることにより、その労働契約を反復して更新することのないよう配慮しなければならない。」旨規定している。

(2) 有期労働契約については、契約期間の満了時に更新されずに終了する場合もあるが、労働契約が反復更新され、長期に亘って雇用が継続する例は少なくはない。このような場合、有期契約労働者は、雇止めの不安から年休などの正当な権利行使が抑制される等の問題が指摘されていた。そこで改正法は、18条で、有期労働契約が5年を超えて反復更新された場合は、有期契約労働者の申込みにより期間の定めのない労働契約に転換させることとした。

すなわち18条1項は、同一の使用者との間で締結された二つ以上の有期労働契約の契約期間を通算した期間が5年を超える有期契約労働者が、使用者に対し、現に締結している有期労働契約の契約期間が満了する日までの間に、無期労働契約の締結の申込みをしたときは、使用者が当該申込みを承諾したものとみなされ、現に締結している有期労働契約の契約期間が満了する日の翌日から労務が提供される無期労働契約が成立すると規定している。

有期労働契約の契約期間が満了した日とその次の有期労働契約の契約期間の初日との間に空白期間が6ヶ月以上あるとき等には，当該空白期間前に満了した有期労働契約の契約期間は通算しない。

(3) 有期労働契約の反復更新により，無期労働契約と実質的に異ならない状態で存在している場合，又は有期労働契約の期間満了後の雇用継続につき合理的期待が認められ場合には，雇止めが客観的に合理的な理由を欠き，社会通念上相当であると認められないときは，有期労働契約が更新（締結）されたものとみなす（19条）。

(4) **期間の定めがあることによる不合理な労働条件の禁止**

有期労働契約を締結している労働者の労働条件が，期間の定めがあることにより，同一の使用者と無期労働契約を締結している労働者の労働条件と相違する場合においては，当該相違は，職務の内容，配置等の変更の範囲その他の事情を考慮して，不合理と認められるものであってはならない（20条）。

第5章
労働契約法制定論議をふり返って

第1節 序　説

　戦後まもなく設けられた労働基準法研究会以来の長い道のりの論議の成果が,「労働契約法」として実を結んだ。私も関心をよせていた労働法学者の1人として審議にたずさわった方々の労苦に, まず心から敬意を表したいと思う。

　ここでは,「公正で透明な民事的なルール」が必要であるということから2007年11月に成立し, 2008年4月1日から施行された「労働契約法」の立法過程をふり返って, 若干の私の感想を付記することにする。

1　行政手続法

　(1)　今回の「労働契約法」の立法過程で第1に注目されるのは, 政策決定手続である。将来に向けて一般的なルールを作る際には, 関係者が民主的に意見を出し合う機会をつくるということを目的として1994年に行政手続法が制定され, それ以降の労働法規の改正は, この手続により行われていたが,「労働契約法」の立法過程は, 初めから終わりまでオープンな形で審議が進められ, 議事録も資料もすべて公開されていたため, 興味深く詳細に審議過程を見守ることができた。

　もとよりわが国の行政も法治主義をとっているから, 行政手続が基本的に変わったわけではなく, 従来も労使公益の三者構成の審議会（労働大臣の私的諮問機関）の審議を経て法案要綱がつくられていた。しかし労使はそれぞれの立場から利益を代弁するが, 実際は学者である公益委員の調整により結論がまとめられていたように思わ

第5章 労働契約法制定論議をふり返って

れる。資料や情報は圧倒的に官側がもっていたから、実質的には官僚主導の「結論は先にありき」の立法過程であったのかも知れない。したがって極端にいえば、官側が、学者に「代わりにモノを言わせ」、これを「手駒として使う」きらいがなかったわけではない。その意味では審議会はむしろ隠れ蓑にすぎなかったとも評することができる。

(2) しかし、ILO条約をはじめ、先進諸国の労働者の権利状況に近づけようとする官側（労働省）の立法意思（国の政策）からすれば、むしろ経営者側の主張を抑え、これを説得する手段としては効果があったということができる。代表的な立法例としては、労基法の改正による労働時間の短縮がある。

(3) この手法は、政治経済情勢が変化し、規制緩和、経済のグローバル化により、労使の社会的勢力関係が一変すると、むしろ経営側の意向を代弁ないしはリードする結果となりやすい。その典型的な例は、労働者派遣法の立法過程にみることができる。

(4) これを一新し、新しい行政手続法のもとで制定されたのが今回の労働契約である。議事の徹底した公開制、パブリック・オピニオンの公募等により、われわれは、労・使・官側の意見・意図（リードの仕方）をはっきりと知ることができた。

労働契約法は、私的研究会と公的な労働政策審議会労働条件分科会、労働政策審議会の三段階の審議を経て、法案にまとめられた。研究会の中間報告に対しては、パブリック・オピニオンが求められ、提出期限が僅か1カ月と短かったにもかかわらず、関心をもつ者の多数・多様な意見が明らかにされた。しかしそれが審議会の意見ないし結論にどのように反映されたかは全く別問題で、「聞き置くだけ」のものにすぎなかったようにも思われる。結局、この問題に関

心をもつパブリック,特に労働者側の反対意見は,労働団体の反対声明,集会,署名活動という従来型の運動によらざるをえなかった。

しかし研究会の当初の構想からは,労働条件分科会での労使委員の激しいもみあい,審議の一時中断をへて,大幅にトーンダウンし,最後まで残った日本版ホワイトカラー・エグゼンプション（自己管理型労働制）も,最後の法案では消失し,当初の意気込みからすれば難産の割には画期的とはいえない全文19条の「小ぶりな」法律ができあがった。

(5) そのために当初の構想からすれば,内容的には,わびしいものとなっている。「労働契約法」と銘を打ちながら,極論すれば,民法の契約法の一般原則を確認的に規定し,判例法のいくつかの追認（成文法化）を行っただけのようにもみえる。

しかし,一方において就業規則の不利益変更については,必要性・相当性により,合理性の推定を行うという判例の成文法化を行い,かつ労働基準法の改正という形で労使協定,労使委員会の成文法化を行っている。

「労働契約法」の審議過程については,パブリックオピニオンの中に,私と同意見のものがあったので,少し長めであるが,そのまま,引用しておくことにする。

　「法制審議会や司法制度改革審議会の場合には,論点整理を重ねながら,全体の討議を二巡,三巡させ,結論を出すのが通例である。一巡目が終わり二巡目の討議に入るとき,二巡目が終わり三巡目の討議に入るときに,次の討議のために,論点整理がなされる。この段階までの討議や関係各方面から提出された意見書をふまえ,あらゆる論点を抽出し,各論点の位置づけと相互関係を整理し,各論点ごとにA案,B案,C案を併記し,それぞれのメリットやデメリットと検討課題を整理することによって,討議の到達点を整理するとともに,次に討議を重ねて結論を出すべき課題を析出し,これを公表して審議会委員だ

けでなく関係各方面から広く意見を求めるのである。

　今回の「中間取りまとめ」は，研究会の討議が一巡し，二巡目に入る段階で作成されたものであるが，前掲のような中間的な論点整理はほとんどなされていない。A案，B案が並記されているのは，就業規則による労働条件変更の拘束力，雇用継続型契約変更制度，解雇の金銭解決程度に限られ，しかも，選択肢の幅が狭い。

　労働契約法制をめぐっては様々な論点があり，論点ごとに様々な立法案がありうるはずである。しかるに「中間取りまとめ」は，研究会の一巡目の議論が終わった段階で作られたものであるのに，大多数の事項につき結論の方向性が明らかにされている。研究会の構成員が高度な均質性・同質性を有しているか，さもなくば，担当事務局が強力なリーダーシップを発揮しない限り，このような「中間取りまとめ」は難しい。」

2 「労働契約法」の立法化の必要性

　労働契約法の制定にむけての「在り方研究会」の「中間取りまとめ」，最終「報告」および労政審議会労働条件分科会の「報告」等については，第3章に掲げておいた。ここでは，これらの報告に一貫してみられる立法化の必要性についての論旨を以下に要約してみておくことにする。

<(1)　わが国においては，労働契約に関するルールは，労基法等の制定法によって規律された部分もあるが，多くは判例法理に委ねられてきた。判例法理は，必ずしも労使当事者間に十分に認識されているとは限らず，また判例法理は，既存の法体系を前提として形成されたものであるから，現在の労働契約関係の実情に照らして「より適切なルール」を定立する必要性が高まっている。

(2)　近年，個別労働紛争解決処理促進法に基づく紛争処理制度の導入や労働審判法による労働審判制度の導入による紛争処理システムの整備が進み，紛争処理制度における判断規範の明確化

も要請されている。
(3)　伝統的な労働法は、均質な集団としての労働者を前提に、強行的規範による一律の規制を行い、刑事罰・行政監督によって担保するという形態をとっていた。

　しかし労働者の多様化・個別化が進展し、また企業を取り巻く経済社会状況も変化した今日、新たな規制の在り方を模索する必要性が高まっている。

　すでに労基法も、1980年代から労働時間の短縮と併せて労働時間規制の柔軟化を目的とする改正（1987年）、企画業務型裁量労働制の導入（1998年）が行われている。
(4)　個別的労働関係を規律する法律の中には、男女雇用機会均等法（1985年）のように罰則がなく、行政による指導・助言・勧告による実効性の確保が予定されているものも現れるようになった。
(5)　また2000年制定の労働契約承継法は、刑事制裁も行政による実効性確保措置もなく、権利実現のためには当事者が提訴することを要するという純粋に民事的規範のみを設定する法律もある。会社分割法制導入に対応して制定された労働契約承継法（2000年）も同様の性格をもつものである。2003年の労基法改正により導入された「解雇権濫用法理」を定める18条の2や2004年制定の公益通報者保護法もこの系列に属するものである。>

3　労働契約法の必要性と指導原理

　労働契約法制定の必要性に関連して、たびたび「社会経済情勢の変動」が指摘されている。社会経済情勢の変動による労働契約法の必要性は理解できるが、問題は、「必要性」から「どのような理念ないし指導原理」に基づいて労働契約法を制定するかということで

あり，この点についての議論が，いずれの「報告書」にも，あまり明確にはされていないように思われる。

　明確な理念と指導原理がなく，労使のそのときどきの力関係にまかせれば，「個別化・多様化・価値観の変化に対応する労働契約法」といいながら，結局は「規制緩和」の流れにそった立法化がすすめられるおそれがある。そうすれば，①就業規則，配転・出向・転籍，降格・休職，あるいは雇用継続型契約変更制度は「労働条件の切り下げの自由」に，②有期労働契約は「非正社員化の増大・固定化」に，③服務規律・懲戒，労使の権利義務関係は，「企業秩序・使用者の権限の強化」に，④労働時間の見直しは，管理監督者の範囲の拡大，ホワイトカラー・エグゼンプションによる「労働時間の規制緩和」に，⑤労働者代表制度，労使委員会制度は，「団体交渉権の弱体化」に，⑥解雇の金銭解決制度は，「解雇の自由」に直結するおそれがないわけではない。

第❷節　労働契約法制審議の争点についての一考察

　本節では，労働契約法制定の審議過程で労使の意見が対立したいくつかの問題をとりあげ，労使関係の中でそれがもっている意味と若干の私見を述べることにする。

Ⅰ　ホワイトカラー・エグゼンプション

1　問題の所在

(1)　「労働契約法制の在り方に関する研究会報告書」は，その末尾「第7　労働時間法制の見直しとの関連」において，「労働契約法制の整備が必要となっている背景として，近年の就業形態の多様化，経営環境の急激な変化があるが，これは，同時に労働者の創造的・専門的能力を発揮できる働き方への対応を求めるもの」であるとして，「規制改革・民間開放推進3カ年計画」で，「米国のホワイトカラー・エグゼンプション制度を参考にしつつ，現行裁量労働制の適用対象業務を含め，ホワイトカラーの従事する業務のうち裁量性の高いものについては，改正後の労働基準法の裁量労働制の施行状況をふまえ」，「労働者の健康に配慮する措置等を講ずる中で，労働時間規制の適用を除外することを検討する」。「労働契約に関する包括的ルールの整備を行う際には，併せて労働者の働き方の多様化に応じた労働時間法制の在り方についても検討を行う必要がある」旨，述べている。そして，「仮に労働者の創造的・専門的能力を発揮できる自律的な働き方に対応した労働時間法制の見直しを行うと

すれば，労使当事者が業務内容や労働時間を含めた労働契約の内容を実質的に対等な立場で自主的に決定できるようにする必要があり，これを担保する労働契約法制を定めることは不可欠となる」と指摘している。

すなわち，報告書は，＜労働者の自律的働き方に対応するためには，労働時間法制の見直しが必要であり，そのためには労使が実質的に対等の立場で自主的に決定できるようにするための労働契約法制が必要＞と述べているのである。

(2) いわゆる「見せかけだけの管理職」や行政当局より違法として指摘された銀行の「支店長席」ないし「支店長代理」(註)のように，労働時間法制の網をくぐるものを取り上げるのではなく，「就業形態の多様化や経営環境の急激な変化」にあわせ，「現行の裁量労働制」の延長線上で新しい類型の「ホワイトカラー」労働者について検討しようというのが「ホワイトカラー・エグゼンプション」論議の中心的な問題点であろう。

(註) 労働省は，昭28年以降，個々の金融機関に対し，支店長代理は労基法41条2号の管理監督者に当たらず，時間外手当を払わないのは労基法37条違反である旨の是正勧告を行っていたが，昭48年6月以降は，全国の地方銀行及び相互銀行に対して是正勧告を出している。そして昭52・2・28基発105号「金融機関における管理監督者の範囲について」において「1 基本的な考え方，2 具体的な取扱範囲の例示，3 是正対策，4 取扱範囲の変更に伴う経過措置」を明確にしている。

2 裁量労働制

(1) 裁量労働制のアイディアを初めて明確にしたのは，1984(昭59)年8月，労働基準法研究会第2部会の中間報告である。「事業場外で労働するため，労働時間の算定が困難な業務，業務の性質上

使用者の具体的な指揮監督になじまず,労働時間の算定が困難な業務等については,労使協定に定める時間労働したものとみなす」という案が示され,翌1985(昭60)年12月の最終報告に盛り込まれて1987(昭62)年の労基法改正により,立法化された。改正法は,労働時間短縮を掲げて週40時間制をとるとともに,①事業場外みなし労働の法定化,専門業務型裁量労働制の創設(新商品又は新技術の研究開発等の業務),②1カ月単位の変形労働時間制の創設,フレックスタイム制の法定化,3カ月単位の変形労働時間制の創設,1週間単位の非定型的変形労働時間制の創設,③年休の最低付与日数の引き上げ(6日→10日),計画付与制度の創設,年休を取得した労働者に対する不利益取扱の禁止等を骨子とするものである。

(2) 専門業務型裁量労働制は,当初は,通達(昭63・1・1基発1号)により,①新商品・新技術の研究開発,②情報処理システムの分析・設計,③新聞・出版・放送の取材・編集・制作,④デザイナー,⑤プロデューサー・ディレクターの5業種に限定されていたが,1992(平4)年9月28日の労基研報告で対象の拡大が提言され,1993(平5)年の労基法改正により,条文の対象例が削除され,「命令で定める業務」の中から労使協定で対象を定めることに改められた。

(3) 1997(平9)年には,通達(平9・2・14労告7号)により,専門職6業務が追加され,⑥コピーライター,⑦公認会計士,⑧弁護士,⑨一級建築士,⑩不動産鑑定士,⑪弁理士が対象業務とされた。

(4) 1998(平10)年の労基法改正により,さらに企画業務型裁量労働制が導入され,企業の中枢部門で企画・立案に従事する労働者につき,労使委員会で決議し,本人の同意を得て裁量労働制を適用すれば,決議で定める時間,労働したものとみなす制度が導入された。

当初は、本社などの「事業運営上の重要な決定が行われる事業場」に限られていたが、2003(平15)年の労基法改正により、対象業務が存在するすべての事業場に拡大された。

(5) しかし使用者側は、裁量労働制をそれほど評価はしていなかった。それは、「裁量労働制が、主としてホワイトカラー労働を想定したものであることは確かであるとしても、立法当初から、時間とは切り離された、成果に基づく賃金決定を可能とする制度として設計された制度であるとはいいがたい」(註1)からであるということであった。

また裁量労働制を契機として、能力評価の視点が「働いた時間の長さ」から「仕事の成果」へと変化し、同じ仕事をするのに、有能な労働者（残業が少なくてすむ者）とそうでない労働者では、生産性の低い長時間労働する者の方が手取り収入が多くなるからであるという点も指摘されていた(註2)。

そこで、当時、財界の労働政策を担当していた日経連は、裁量労働研究会を発足させ、1994(平6)年11月に「裁量労働の見直しについて(意見)」を発表し、裁量労働制の適用を促すとともに、将来的には時間規制の適用除外とすることを提案している。

さらに2004(平16)年5月18日、経団連は「多様化する雇用・就労形態における人材活性化と人事・賃金管理」において、「労働基準法における裁量労働制の一層の要件緩和を進め、また、仕事の成果が労働時間の長さに比例しない労働者が増加している現状をふまえて、アメリカのホワイトカラー・エグゼンプション制度のような、一定の労働者には労働時間制の適用を除外する制度の早期・導入が必要」と述べ、2005(平17)年6月21日には、「ホワイトカラー・エグゼンプションに関する提言」を発表している。すなわち、1947(昭22)年に制定された労基法における労働時間制の枠組みは、工場

内の定型作業従事者には適合するものの、現在のホワイトカラーの就業実態には必ずしも合致していないとし、「裁量性が高い業務を行い、労働時間の長さと成果が一般に比例しない頭脳労働に従事するようなホワイトカラーに対し、一律に工場労働者をモデルとした労働時間規制を行うことは適切とはいえない」とする。「現行の労働時間法制には、主体的で柔軟な働き方に道を拓く制度として、企画業務型裁量労働制のほかにもフレックスタイム制、事業場外みなし労働時間制、専門業務型裁量労働制が用意されている。しかし、これらも労働時間規制という考え方から脱却しておらず、労働時間にとらわれない自由な働き方に対応するには不十分である」。したがって「これまでの画一的な働き方を前提として労働時間規制を行う考え方を根本的に改める必要がある」と強く主張しているのである(註3)。

　(註1)（盛　誠吾「変形労働時間制・裁量労働制」季刊労働法183号21頁)。
　(註2)『ホワイトカラーの世界──仕事とキャリアのスペクトラム』日本労働研究機構125, 244頁)。
　(註3)この提言の基礎となった調査報告書は、荻野勝彦「人事労務管理に関する政策と実務の落差」(日本経済センター『人事経済学と成果主義』2005年3月)である。ここでは、サービス残業をする理由のうち最多のもの (32.1％) が「自分が納得する成果を出すために残業しているので、残業手当の申請をしていない」ということであったという調査（連合総研「働き方の多様化と労働時間の実態に関する調査」をもとに「本人は仕事をしていると意識しているが、しかし割増賃金が支払われる労働時間かどうかは疑わしい」二面性をもつグレーゾーンの存在を示唆する。そして労働者側にサービス残業へのインセンティブがある以上、行政による監督指導が強化されてもサービス残業が解消される効果は薄いという。そこで裁量の広いホワイトカラーについては、「米国におけるホワイトカラー・エグゼンプション

第5章　労働契約法制定論議をふり返って

制のような形で，労働時間と賃金の関係をなくしてしまう」ことでインセンティブが失われると述べる。

そして長時間労働を防ぐためには，労働時間の上限を直截に規制するのが自然であるとし，割増賃金の計算のための労働時間と健康管理のための労働時間とは別概念とすべきであると主張している。

3　私　見

「ホワイトカラー・エグゼンプション」，「自律型労働契約法制」・「自律型労働時間法制」として論議を呼んだ大きな争点は，結局，立法化を取り下げる形で決着がついたが，なにが問題であったのかという点は，今後の労働契約法及労働時間法制を考える上で明らかにしておく必要がある。

労働組合側が「残業ゼロ法案」と名付けて反対のキャンペーンをはったが，「自律型労働契約法制」・「自律型労働時間法制」の内容を的確につかんでいると思う。時間外労働の割増賃金は，労基法37条の規定により支払が義務づけられているが，時間外労働の計算方法は，具体的には，労基法施行規則19条〜22条で定められている。

労基法制定以前の賃金制度は，日給制・月給制等の職制上の身分による差はあったが，そもそも時間外割増賃金の観念がなかった。地位による賃金・俸給に対しては，地位に応じた無定量の労働と定量化された報酬が対応していたのである。

戦後，労基法の制定により，労務者・職員の身分差の撤廃とともに等しく法的には「労働者」となり，労働時間の制限とともに時間外労働の観念が労使関係に入り込んできた。時間外労働を制約するために割増賃金の制度が設けられたが，労基法37条の割増賃金は，日給・週給・月給・年俸制にかかわらず，すべてその期間の所定労働時間で除した金額とすることとされている。したがって労基

第2節　労働契約法制審議の争点についての一考察

法41条2号の管理監督者以外は，すべて労基法37条の適用があるのである。

　労働者の高学歴化とME革命によるホワイトカラー（インテリ職員層）の増大，労働の態様の変化による長時間労働は，時間外労働による人件費の高騰をまねき，企業の財政を脅かすようになった。管理職一歩手前の「年功序列賃金」により高給化した職員層の残業費カットに経営者側が飛び付こうとするのは，企業経営の立場からは理解できないわけではない。

　しかし「労働契約法」でも改めて「合意原則」が定められている（3条1項）ように，労使の契約関係は実質的には不平等というところから出発する必要がある。そのために労組法などの団体法や労基法などの労働保護法が制定されてきたのである。多様な働き方の出現には，健康と生活を守るための保護法の多様化で対処すべきであり，規制の緩和ないし放棄で対処すべきではない。

　ホワイトカラー・エグゼンプション制度は，労働時間の規制の適用を除外することを目的とするもので，ホワイトカラー労働の「あるべき姿」を理念とするものではない。アメリカのホワイトカラーと，日本のホワイトカラーでは，労働観，生活に対する価値感，生活設計，自己管理の仕方が異なる。企業文化，風土の異なるところでアメリカ型の法定労働時間制の適用除外制度を早急に導入すれば，利益よりは危険性の方が高いであろう。ホワイトカラー労働者の将来を見通した「健全な生活設計」を考えるとき，現在，労働政策の一つとして検討が進められている労働者の「健康の確保」，「ワークバランス」，「長期休暇制度」などと共に総合的に検討すべき問題であろう。

Ⅱ　就業規則による労働条件の不利益変更

(1)　労働契約が労使の合意の上で成立している以上、労働者との合意なしに労働契約の内容の変更ができないことは、契約法上当然のことである（労働契約法6条・9条）。

労働契約法10条は、秋北バス事件・最高裁(大)昭43・12・25判決、大曲市農協事件・最高裁(三小)昭63・2・16判決の流れをうけて、「使用者が就業規則の変更により労働条件を変更する場合において、変更後の就業規則を労働者に周知させ、かつ、就業規則の変更が、労働者の受ける不利益の程度、労働条件の変更の必要性、変更後の就業規則の内容の相当性、労働組合等との交渉の状況その他の就業規則の変更に係る事業場に照らして合理的なものであるときは、労働契約の内容である労働条件は、当該変更後の就業規則に定めるところによるものとする。」と規定した。そして就業規則の変更の手続については、労基法89条、90条の定めるところによると定める（労働契約法11条）。

(2)　就業規則は、附合契約化しており、契約内容についての個別労働者との協議の余地はほとんどみられないとはいえ、労働者は、労務を提供し、その反対給付として賃金を受け取るという契約の基本的要素を知った上で労働契約を締結している。

使用者には、労基法15条により、労働者を採用する際、労働条件を明示すべき義務が課せられており、明示すべき労働条件の範囲は、「就業の場所及び従事すべき業務に関する事項」以外は就業規則の必要的記載事項と全く同一である。使用者には就業規則の周知義務が課せられている（労基法106条）から、労働者の採用にあたり、「就業の場所及び従事すべき業務」を明示した上、就業規則を

提示すれば,法によって課せられている労働条件の明示義務と就業規則の周知義務は同時に果たしたことになる。

多くの場合がそうであるように,就業規則は,使用者が労働契約の締結にあたり,労働者に明示することによって労働契約の内容となる。もちろん採用に際し,就業規則の内容と異なった労働条件を取り決めることは可能である。しかし就業規則の条項のうち,労働条件に関する部分は労基法93条により規範的効力が付与されているから,採用の際の就業規則の内容と異なる特約が就業規則の定める基準に達しないものであるときには無効とされ,就業規則の定める基準に置き換えられる。採用の際に労働条件を明示しなかったときには所定の罰則の適用を受けるが,仮に就業規則の存在を秘匿したとしても就業規則の絶対的必要的記載事項については,労基法93条によって労働契約の内容となる。しかし相対的必要的記載事項については,労基法15条との関係でそのような「当該事業場のすべての労働者に適用される定め」は存在しなかったとして取り扱わざるをえない。

労基法93条が就業規則の労働条件に関する部分について規範的効力を付与したのは,究極的には使用者が一方的に制定するものであるとはいえ現実に職場の法（企業経営内において強制力を有する社会規範）としての機能を果たしている就業規則に対して,一定の法的規制を加えるとともに労働条件の最低基準の設定という労基法の役割を労働保護法的目的から分担させようとしたものである。

(3) 就業規則は,法令または協約に反してはならない（労基法92条1項）。したがって労基法などで定められた基準以下の条件を就業規則に規定することは許されないし,また協約を下回る条件を就業規則で決めることも許されない。

一方,就業規則で定める基準に達しない労働条件を定める労働契

約は，その部分について無効となり，無効となった部分は，就業規則の定める基準による（労基法93条）。

(4) 就業規則の不利益変更については，就業規則の法的性質をどのように理解するかという問題と関連して争いの多いところである。就業規則の法的性質についてはいろいろな考え方がありうるが，現行法を前提とするかぎり，労基法93条によって規範的効力が認められていることは何人も認めざるをえない。したがって問題は，労基法93条の立法趣旨，すなわち同条が労働条件の最低基準を確立するというかたちで労働者を保護するために設けられたものであるのか，企業運営の必要上，労働条件の統一的・画一的決定を目的として設けられたものであるのかという認識にかかわる問題である。秋北バス事件の最高裁判決は，就業規則による労働条件の統一的・画一的な決定という機能を重視することにより，就業規則の変更の場合にも，その条項が合理的なものであるかぎり，個々の労働者を拘束するとしたわけであるが，労働協約の場合と異なり，労働者との合意によることなく使用者が一方的に制定する就業規則に対し，このように強い効力を労基法93条が付与したと考えることはできない。労働基準法が保護法的な性格をもっていることを前提とする以上，労基法93条は，あくまでも当該事業場における労働条件の最低基準の設定を目的として労働条件に関する条項に規範的効力を認めたものであると解せざるをえないであろう。そうだとすれば，使用者が就業規則に定める労働条件を不利益に変更した場合，それは，あくまでも当該事業場における労働条件の最低基準として，新規採用の労働者およびこれに同意を与えた労働者のみを拘束し，いかにそれが合理性をもっていたとしても，労働者の意思を無視して労働契約内容を一方的に変更する効力が認められているわけではない。統一的な労働条件を定立することは企業運営上の不可避の要請

であるから,そのような場合,使用者は,労働組合との団体交渉の手続による改善をまつか,あるいは個々の労働者との合意によって契約内容を変更せざるをえないであろう。団体交渉の手続をふむことなく,就業規則の変更によって,たとえそれが合理的なものであるにしても,一方的に労働条件を切り下げうるのであれば,この点からも団体交渉の機能は弱められるであろう。労働条件を切り下げる以上,使用者がそれなりの手続上の負担を負うのは,契約法理からしても当然のことである。

ただ,就業規則の不利益変更について誠実な話し合いを行ったが,特定の労働者との間にどうしても合意が成立せず,そのために企業経営上著しい支障が生ずる場合には,このような障害を解雇の合理的な理由の一つとなしうることは認めざるをえない。また,労働条件にかかわりのない「当該事業場における統一的な定め」については,使用者が一方的に変更しうることも改めていうまでもないであろう。

就業規則の不利益変更については,就業規則がいわゆる経営協定ではなく,究極的には使用者が一方的に作成しうるものであるという建前を貫くかぎり,就業規則には労働条件の最低基準を設定するという限度で規範的効力が認められているものであることを明確にし,労働条件の決定は労使が対等の立場で行うという契約法の原則に則った解決策をこの際立法論としても明らかにすべきであった。

就業規則は,当該事業場のすべての労働者に適用される労働条件等についての統一的な定めであるが,あくまでも個々の労働者との関係では,当事者間の合意によって労働契約の内容となるものである。ただ就業規則の定める基準に達しない特約のみが労基法93条により無効とされ,就業規則の定める基準に置き換えられる。この法理は,就業規則の変更の場合にもそのまま妥当する。すなわち就業規則は個々の労働者との関係では契約としての性格を有するもの

であるから,使用者もこれに拘束され,既存の労働者との関係では一方的に労働契約の内容となっている就業規則を変更することは許されない。あくまでも当事者間に合意が存在しない限り,労働契約は変更し得ないのである。このように就業規則の内容の不利益変更は,すでに雇用されている個々の労働者との関係ではいわば契約内容の変更の申込みにすぎないから,法的な拘束力を有するものではないが,労働者が異議なくこれにしたがっているときには,黙示の合意がなされたとみなされることがあり得る。とくに就業規則の内容を労働者に有利に変更するときには,黙示の合意によって変更されたとみられる場合が多いであろう。

このように就業規則の変更は当然には労働者を拘束するものではないが,就業規則が,本来,労働力を集団的画一的に企業に組織付けるという制度的な機能をもつものであることは法的評価に際しても考慮にいれなければならない。例えば週休2日制を採用するに際し,平日の所定労働時間を従来の週労働時間の枠の中で若干延長する就業規則の改正を行ったとき,一人の労働者が反対をとなえて平日は従来どおり早めに帰宅し,土曜日も閉鎖されている事業場に従来どおり出勤して労務の提供をしたと称しても,チームワークを乱し,全体としての事業場の活動を阻害しているときには,なんらかの調整の原理が働くことを認めざるを得ない。このような場合,法規説によれば不利益な変更ではないことから変更された就業規則は当然に拘束力を有することになるであろうし,また最高裁判決の論理からしても社会的に不合理な変更とはいえないから就業規則の変更は有効ということになる。

就業規則は,労働者の働くときの労働条件や職場のきまり等を統一的画一的に決めておく必要から生まれたものでるが,これに規範的効力が認められたのは,あくまでも法令や協約を上回る労働条件の基準についてであり,協約または個々の労働者との合意によるも

のでなければ，一方的に変更しても，その日以降，これを承知のうえで採用された労働者以外の者を拘束することはありえない。就業規則の不利益変更が認められるのは，労働条件の画一的処理の必要から，総合的に判断して全体としては必ずしも不利益でない場合に限定すべきである。判例では，企業経営上合理的な必要性がある場合には認められるとしているが，このような解決策は，組合の団交および協約の機能を弱めるものであるし，わが国のように企業別組合が原則的な形態であるところでは賛成し難い。立法論的には，就業規則の過半数組合または労働者代表による意見聴取義務に代えて，過半数組合または労働者代表との協議・決定による事業場協定としての性格を就業規則に与えることにより解決すべき問題であると思う。

Ⅲ 労使委員会・労使協定

「労使委員会・労使協定」を労働契約法に取り入れる構想は，すでに第3章でみてきたように，「中間取りまとめ」に現れ，大きな論議を巻き起こしたが，結局，立法化は見送られた。しかし法令に根拠をもつ労使委員会の制度や労使協定は，現に存在しているので，それに，どのようにして新しい機能をもたせようとしたのかという点を明らかする意味で労使委員会・労使協定の問題をここで扱うことにする。

1 現行法上の「労使協定・労使委員会制度」

A 労使協定の種類
イ 労基法上の労使協定
① 貯蓄金の管理に関する労使協定
② 賃金の控除に関する労使協定

③　1カ月単位の変形労働時間に関する労使協定
④　フレックスタイム制に関する労使協定
⑤　1年単位の変形労働時間制に関する労使協定
⑥　1週単位の非定型的変形労働時間制に関する労使協定
⑦　一斉休憩の例外に関する労使協定
⑧　時間外・休日労働に関する労使協定
⑨　事業場外労働に関する労使協定
⑩　裁量労働に関する労使協定
⑪　有給休暇を与える時季に関する労使協定
ロ　賃確法上の労使協定（賃確法施行規則4条・5条3号）
ハ　育児・介護休業法上の労使協定（6条・12条）
ニ　高年齢者雇用安定法上の労使協定（労使協定による継続雇用制度対象者の限定等の許容）現に雇用している高年齢者であっても，労使協定により継続雇用制度の対象となる高年齢者の基準を定めたときには，高年齢者の継続雇用は，その基準によることができる（9条2項）。

B(1)　労基法上の労使協定は，事業場単位に，過半数組合または労働者の過半数を代表する者（労働者代表）との間に締結される書面協定である。労使協定は，協定の定めるところにより労働させても，労基法に違反しないという免罰的効果をもつ。したがって民事上の義務は，協定から生じるものではなく，別個に協約・就業規則等の根拠が必要である。ただし年休の計画的付与に係る労使協定を締結した場合には，「労働者の時季指定権及び使用者の時季変更権はともに行使できない」（昭63・3・14基発150号）とされている。
(2)　過半数代表者の要件（労基法施行規則6条の2第1項）
　①　管理監督者でないこと。
　②　過半数代表者を選出することを明らかにして，投票，挙手

等の方法で選出すること。
③　過半数代表者の不利益取扱いの禁止（施行規則6条の2第3項）。
④　賃金の控除，フレックスタイム制，一斉休憩の例外，有給休暇を与える時季に関する労使協定については，労働基準監督署への届出が必要。
(3) 周知義務（労基法106条）

C　労使委員会

法令に根拠がある労使委員会は，事業場に設置，労使で構成（半数は労働者代表）される。
(1) 企画業務型裁量労働制に係る労使委員会（労基法38条の4）
(2) 労働時間短縮推進委員会（労働時間短縮促進法6条，7条）
(3) 安全委員会（労働安全衛生法17条）
(4) 衛生委員会（労働安全衛生法18条）
(5) 安全衛生委員会（労働安全衛生法19条）
(6) 預金保全委員会（賃確法施行規則2条）
(7) 退職手当保全委員会（賃確法施行規則5条の2）

D　権　　能

(1) 各委員会は，その調査・審議事項について，事業主に意見を述べる。
(2) 企画業務型裁量労働制労使委員会は，労基法38条の4の事項に関する決議をし，使用者が当該決議を届出た場合には，企画業務型裁量労働制を導入することができる。

E　労使委員会の決議

企画業務型裁量労働制労使委員会および労働時間短縮推進委員会が一定の事項について行った決議については，労使協定に代わる効

2 「中間取りまとめ」の労使委員会構想

現行法上の労使委員会に対し,「在り方研究会」の中間報告は,問題点と制度の活用について次のように述べている。

(1) 現行制度の問題点
「1 過半数代表制度のうち,過半数組合がない場合には,一人の代表者が事業場の全労働者を代表することになるが,就業形態や価値観が多様化し,労働者の均質性が低くなる中では,一人の代表者が事業場全体の労働者の利益を代表することは困難である。
 2 過半数代表者は,常設的なものではなく,必要な都度選出されるのが原則であるため,例えば,時間外協定を締結した過半数代表者が事業場における時間外労働の実際の運用を確認することは期待し難い。
 3 労使委員会および労働時間短縮推進委員会は設置が義務づけられていない常設的な組織であり,その労働者委員は複数人であるものの,これを事業場の過半数組合または過半数代表者が指名することとされており,必ずしも多様な利益を代表する者が労働者委員となることが保証されているわけではない。」

(2) 労働契約法制における労使委員会制度の活用
「1 法制化の必要性
　　組合の組織率,労働条件決定システムの機能の低下の中で,労使が実質的に対等な立場で労働条件の決定を行うことを確保するためには,「労働者が集団として使用者との交渉,協議等を行うことができる場が存在することが必要である。」。「労働組合が存在しない場合においても,労働者の交渉力をより高めるための方策」を検討する必要がある。
　「常設的な労使委員会は,当該事業場における労働条件について,例えば,制度を変更した場合にその運用状況を確認することや,問題が生じた場合の改善の協議や労働者からの苦情処理等のさまざまな機能を担うことができる。」。

常設的労使委員会は,「労使当事者が実質的に対等な立場で自主的な決定を行うことができるようにすることに資する」と考えられる。
　過半数組合がある事業場でも,「労使が対等な立場で労働条件について恒常的に話し合えるようにすることは意義がある」ことから,「その機能を阻害しない形で労使委員会の設置は認めてよい」。
　「労働契約法制の一定の規定について,当該規定と異なる取扱いを認めるための要件として労使委員会の決議を要求することも考えられ,この場面でも労使委員会の活用が期待される」との意見があった。
2　労使委員会の在り方
(1)　就業形態や価値観が多様化し,労働者の均質性が低くなっている近年では,労使委員会は,多様な労働者の利益を公正に代表できる仕組み・実質的に対等な立場で交渉できる仕組み,とする必要がある。
　① 委員の半数以上が事業場の労働者を代表する者であること
　② 委員の選出手続を,現在の過半数代表者の選出手続より明確なものとすべきこと
　③ 多様な労働者の利益を公正に代表できる選出方法とすべき
　　例えば,当該事業場の全労働者の直接選挙
(2)　社会経済情勢の変化に対応するため,労使委員会の決議の有効期間を定めておくこと
(3)　委員の任期を定め,一定期間後に改選すること,開催方法は労使委員会の決議により定めること
(4)　選出や運営に要する費用負担の在り方につき検討する必要がある。
3　労使委員会の活用
　使用者が設置するとともに,労働条件の決定・変更に関する協議を促進するため,合意がえられている場合には,労働契約法制において,一定の効果を与えることが適当
　例えば,
　① 就業規則の変更の際に,労働者の意見を適正に集約した上で,労使委員会の委員の5分の4以上の多数により(これにより労働者委員の過半数は賛成していることが確保される),変更を認める決議がある場合には,変更の合理性を推定すること。
　② 事前協議や苦情処理の機能をもたせ,適正に行われた場合には,そのことが配転,出向,解雇等の権利濫用の判断において「考慮

要素」となりうることを指針等で明らかにすること。
③ 労使委員会が労働組合の団体交渉や協約の機能を阻害しないような仕組みにすること。労使委員会の決議は、協約とは異なり、当然に「個々の労働者を拘束したり、それ単独で権利義務を創設したりするものでない」こと。
④ 企画業務型裁量労働制における労使委員会との関係 労働契約法制上の労使委員会の決議は、必要な要件を課した上で、代替することができるようにすること。」

3 「在り方研究会の構想」に対する批判

　労使委員会の活用に関する中間取りまとめの構想は、当然、多くの論議を呼んだ。ここでは、例示として日本労働弁護団の意見（2005・4・27）と自由法曹団の意見（2005・6・20）だけを掲げておくことにする。

(1) 日本労働弁護団の意見
① 現行の労使委員会は単なる諮問機関にすぎないにも拘わらず、企画型裁量労働みなし時間制の導入決議をなす権限が付与されているほか、労使協定事項に関し、その決議に労使協定代替効が与えられている。しかし過半数組合が存在しない圧倒的多数の事業場を前提とすると、労使委員会を構成する労働者側委員は、過半数代表者の指名によって事実上決まり（従業員による信任制度は廃止された）、その過半数代表者は、労基則6条の2において民主的手続で選出されるべきこと、管理監督者はその資格がないと規定されているのみで、現実にもその選出方法は「話し合い」がトップで、選挙は10％台にすぎず（平9年度労働時間等総合実態調査）、民主的に選出されているとは言い難い。しかも過半数代表者は当該協定の締結等が終了すれば、その後なんらの権限も与えられておらず、労働者を代表する者は不在

の状態が継続する。
② 民主的な選出手続が保障された複数の労働者代表によって構成される常設の労働者代表機関の法定が，現行法制の中で最小限実現しなければならないものである。労働者代表機関には使用者から独立した機関としての権限が付与されねばならず，機関を構成する労働者代表には権限・保護が与えられなければならない（ILO135号条約）。使用者から独立した機関としての性質を有しない労使委員会ないしその集団は労働者代表制度と呼ぶにふさわしくない。
③ しかるに「中間取りまとめ」は，労使委員会決議に相当の効力を与えるにもかかわらず，その基礎となる労働者代表機関にも，労働者代表（または労使委員会委員）の選任手続や権限等についても触れていない。「報告」は，「労使委員会での決議は，当然に個々の労働者を拘束するものではない」としつつ，他方で，同委員会に解雇の金銭解決制度の制度設計という重大な権限を付与し，事実上の就業規則変更への同意見（変更の合理性が推定されること）によって，結果として「個々の労働者を拘束する」権限を付与するなど，不統一が散見される。

(2) **自由法曹団の意見（2005・6・20）**
① 過半数組合がない事業場において，適正な労働者代表制を確保するため，労働者代表の民主的選出方法を明確にした労働者代表法制が必要。
② 「中間とりまとめ」の労使委員会は，a労働組合との性質や役割の違いが不明確，b労使委員会の民主制確保のための方策が示されていない点が問題。
このような労使委員会に就業規則変更の合理性を推定させる効果を認めることに反対。

4 私　見

「中間取りまとめ」は，労使が対等な立場で労働条件等の決定を行うことを確保するため，過半数の労働組合が存在しない場合には，「労働者代表制度」として，常設的な労使委員会を活用することを示唆している。例えば就業規則変更の場合，「労使委員会の5分の4以上の多数決による決議に変更の合理性を推定する効力」を与え，また「事前協議や苦情処理の機能を持たせ」，「配置転換，出向，解雇等の権利濫用の判断基準の一つとし」，さらに「解雇の金銭解決制度においては，労使委員会において使用者による解雇の金銭解決制度の導入や解決金の額の基準」の設定を行うとしているのである。しかし，この構想には次のような点で疑問を持たざるを得ない。

(1) 「中間取りまとめ」は，現行法上の過半数代表者（労働者代表）につき，「一人の代表者が事業場全体の労働者の利益を代表することは困難」であること。過半数代表者は，「常設的なものではなく，必要な都度選出されるのが原則であるため，例えば，時間外協定を締結した過半数代表者が事業場における時間外労働の実際の運用を確認することは期待し難い」と述べる。また「労使委員会および労働時間短縮推進委員会は設置が義務づけられていない常設的な組織」であり，「これを事業場の過半数組合または過半数代表者が指名することとされており，必ずしも多様な利益を代表する者が労働者委員となることが保証されているわけではない。」と述べている。

確かにこれらの点は，これまでにも問題とされていた点であり，労基法をはじめ，それぞれの現行法の改正をいうのであれば，私も賛成である。しかし指摘する問題点の改正をいうのではなく，一足飛びにこれまでこれらの制度が予想もしていなかった労働契約法

第2節　労働契約法制審議の争点についての一考察

への活用をいきなり提言するのでは，これまでの労使委員会・労使協定との整合性をどうするのかという疑問を抱かざるをえない。すなわち「中間取りまとめ」のいう「労使委員会」が，過半数組合が存在していても，これとは別個に常設機関として設置される「労使協議制」の機関であるのか，過半数組合が存在しない場合の「労働者代表」の機能を果たす常設の機関であるのかが明確ではない。構成は労働者代表と使用者代表からなる合同委員会であるが，その役割・機能が明らかではないのである。

現行法上問題のある労使委員会を，労働組合と並立する独仏で長い歴史と経験を有する「労使協議制」の機関とし，それを単行法の改正も含めて労働契約法に取り込むというのであれば，それはそれで意味のあることである。同時に「労働者代表」の地位やその活動についての保障を明確にし，ILO135号「企業における労働者代表に与えられる保護及び便宜に関する条約」に明記されているような団結権保障との関係も明らかにすべきであろう。

(2)　第2に「中間取りまとめ」は，過半数組合がない場合の現行法上の「労働者代表」の地位と役割を問題点の一つとして指摘するが，労働者代表が行っていた役割の全部を労使委員会・労使協定に吸収してしまうのか，職場委員，苦情処理，保護法規違反の監視機能的な役割を労使合同の労使委員会がすべて引き受けるのは不可能に近いであろう。

過半数組合の存在にかかわらず，苦情処理，保護法規違反の監視機能を有する職場委員を諸外国の例にならって設置することも一考に値する。

Ⅳ 有期労働契約

1 有期労働契約の問題点

(1) 労働条件分科会の報告書は,「期間の定めのある労働契約」につき,次のように述べている。

「①使用者は,期間の定めのある労働契約の契約期間中はやむを得ない理由がない限り解約できないこととすること。②使用者は,その労働契約の締結の目的に照らして,不必要に短期の有期労働契約を反復更新することのないよう配慮しなければならないこととすること。③「有期労働契約の締結,更新及び雇止めに関する基準」第2条の雇止め予告の対象の範囲の拡大(現行の1年以上継続した場合のほか,一定回数(3回)以上更新された場合も追加)すること。また有期契約労働者については,今回講ずることとなる上記①から③までの施策以外の事項については,就業構造全体に及ぼす影響も考慮し,有期労働契約が良好な雇用形態として活用されるようにするという観点も踏まえつつ,引き続き検討することが適当である。」

と述べ,これに対しては,労働者代表委員から,「入口規制」(有期労働契約を利用できる理由の制限),「出口規制」(更新回数や期間の制限),「均等待遇」の3点がそろわない限り本質的な解決にはならず,これらの問題も含めて引き続き検討すべきであるとの意見があった旨付記している。

(2) 反復更新された有期労働契約の更新の拒絶・雇止の問題は,各国とも,期間の定めのない労働契約における解雇の自由が制約されるようになるにつれ,使用者が「期間の定めのある労働契約」を利用するようになったことから始まるという意味で古く,そして未だに解決がつかないという意味で新しい問題である(註1)。有期契約は期間の満了とともに終了するから,民法の原則をそのまま適

用すれば，当該有期契約は期間の満了によって終了し，更新すれば，別個の新しい有期契約が締結されたことになる。短期労働契約の反復更新により，使用者は，期間の定めのない労働契約を締結したのと同じように労働者を継続的に使用しながら，解雇についての保護法規の適用を免れるという利点をもつことになる。そのために，市民法上の形式にとらわれることなく，実質的に短期契約労働者の雇止からの保護を図っていこうとする動きが出てきた。今日では，有期労働契約に対しては，わが国だけではなく多くの国において，なんらかの法的な規制が行われている。

　（註1）外尾「短期労働契約の反復と更新拒絶の法理」（季刊労働法130号　昭53年）。

2　反復更新された有期契約の更新拒絶・雇止め

(1)　臨時，パート，アルバイト，嘱託，契約社員等の非正規労働者の多くは，6カ月とか1年という期間の定めのある契約を締結し，それを反復更新して働いているが，経営難のときには，「期間満了」を理由に雇止め，ないしは更新拒絶という形で企業から排除されることから多くの争いが生じた。

(2)　有期契約を反復更新してきた臨時労働者の最初の法的争いは，反復更新された有期契約にも労基法20条の「解雇予告」の適用はあるかという問題であった。八欧電機事件・東京高裁昭43・3・1判決は，解雇予告制度の適用を肯定し，また使用者側も，一定の予告期間をおいて雇止ないし更新の拒絶を行うようになったため，争いは「雇止ないしは更新の拒絶」そのものの効力に移っていった。リーディングケースは，東芝柳町工場事件・最高裁（一小）昭49・7・22判決である。同判決は，臨時労働者の労働契約が期間の

満了毎に更新を重ねて実質上期間の定めのない契約と異ならない状態にあったこと，会社における臨時労働者の採用，雇止の実態，その作業内容，会社側の言動等から，「期間満了を理由として傭止めをすることは，信義則上からも許されないものといわなければならない。」と判示した。しかし，どのようにして有期契約が実質的に期間の定めのない契約と異ならない状態になるのかは必ずしも明らかではない。この問題を明確にしたのが日立メディコ事件・最高裁(一小)昭61・12・4判決である。同判決は，「五回にわたる契約の更新によって本件労働契約が期間の定めのない契約に転化したり」，これと「実質的に異ならない関係が生じたということもできない」が，雇用関係に「ある程度の継続が期待されている」労働者を雇止めにするに当たっては，「解雇に関する法理が類推され，解雇であれば解雇権の濫用，信義則違反又は不当労働行為などに該当して解雇無効とされるような事実関係の下に使用者が新契約を締結しなかったとするならば，期間満了後における使用者と労働者間の法律関係は従前の労働契約が更新されたのと同様の法律関係となるものと解される」と判示した。

このような判例の流れからすれば，臨時，パート，アルバイト，嘱託，契約社員であれ，有期契約を反復更新し，雇用関係に「ある程度の継続が期待されている」ような場合には，当該有期契約の雇止めないし更新の拒絶については解雇の法理が類推されるといってよいであろう。

(3) 反復更新され，実質上，期間の定めのない労働契約と同じような労働関係にあるとみられる有期契約については，雇止ないし更新拒絶は解雇の意思表示であるから，労基法上の解雇予告（20条）や解雇の制限（19条）を受けるし，期間の定めのない労働契約と同じように判例法上確立された解雇法理の適用を受け，合理的な

理由がなければ雇止ないし更新の拒絶はできない（駿々堂事件・大阪高裁平10・7・22判決）。もちろん法令違反の解雇は許されないから，パートタイマーに対する不況を理由とする雇止が，積極的な組合活動を嫌ってなされたものであるようなときには，雇止は無効とされる（並木精密宝石秋田工場事件・秋田地裁湯沢支部昭58・8・26判決）。

問題は，不況にともなう整理解雇の場合であるが，裁判例では，①整理解雇において臨時労働者が第一順位として許容されるのは，それが雇用契約の実質的内容において，企業との結びつきの度合いが希薄であることに求めるべきであるが，それに該当するか否かは，具体的な個々の労働契約成立時の事情，契約期間，従事すべき職務の内容，その他の契約条項，勤務時間等諸般の事情を総合的に考慮して決せられるべきであるとし，本件の場合には，勤務の実態において，一般従業員と質的差異はなく，第一順位の解雇対象者とする合理的理由を欠くとして，パートタイマー名義の労働者の整理解雇を無効とした例（東洋精機事件・名古屋地裁昭50・2・26判決），②円高不況による経営悪化を理由とするパートタイマーの解雇につき，会社側は希望退職の募集など解雇を回避する努力を怠ったことを理由に無効とした例（三洋電機事件・大阪地裁平2・2・20決定），③雇止が雇止回避措置および労使間の事前協議を経ていない点で信義則違反であり，雇止の経営上の必要性を認めることも困難であるから，権利の濫用として無効（丸子警報器事件・長野地裁上田支部平9・10・29判決）としたものなどがある。

3　労働契約法による規制

(1)　「労働契約法」は，17条1項で，契約期間中の解雇の制限，同条2項で「必要以上に短い期間」を定めて反復更新することのないようにする配慮義務を定めている。

(2) また18条1項において，同一の使用者との間で締結された二つ以上の有期労働契約の契約期間を通算した期間が5年を超える場合に，有期契約労働者が，使用者に対し，現に締結している有期労働契約の契約期間が満了する日までの間に，無期労働契約の締結の申込みをしたときは，使用者が当該申込みを承諾したものとみなし，無期労働契約が成立する旨規定している。

(3) 有期労働契約の反復更新により，無期労働契約と実質的に異ならない場合，又は有期労働契約の期間満了後の雇用継続につき合理的期待が認められた場合のように，雇止めが客観的に合理的な理由を欠き，社会通念上相当であると認められないときは，無期労働契約が更新（締結）されたものとみなされる（19条）。

(4) 労働契約法20条は，「有期労働契約を締結している労働者の労働契約の内容である労働条件が，期間の定めがあることにより同一の使用者と期間の定めのない労働契約を締結している労働者の労働契約の内容である労働条件と相違する場合においては，当該労働条件の相違は，労働者の業務の内容及び当該業務に伴う責任の程度（以下この条において「職務の内容」という），当該職務の内容及び配置の変更の範囲その他の事情を考慮して，不合理と認められるものであってはならない。」と定める。

厚労省「労働契約法改正のポイント」（厚労省ホームページ）では，「労働条件の相違が不合理と認められるかどうかは，①職務の内容（業務の内容および当該業務に伴う責任の程度），②当該職務の内容および配置の変更の範囲，③その他の事情，を考慮して個々の労働条件ごとに判断されます」。「とりわけ，通勤手当，食堂の利用，安全管理などについて労働条件を相違させることは，上記①〜③を考慮して，特段の理由がない限り，合理的とはみとめられないと解されます。」としている。

(5) しかし5年を超える有期労働契約の無期労働契約への転換を定める労働契約法18条は,「この場合において,当該申込みに係る期間の定めのない労働契約の内容である労働条件は,現に締結している有期労働契約の内容である労働条件(契約期間を除く)と同一の労働条件(当該労働条件(契約期間を除く。)について別段の定めがある部分を除く。)とする。」と定めている。すなわち契約期間を除く有期労働契約の内容である労働条件と同一の労働条件がそのまま転換された無期労働契約の労働条件となる旨が定められているのである。

そこで18条後段の定める無期労働契約転換後の労働条件と20条の不合理な労働条件の禁止の規定との関係が問題となる。

① 18条の定めにより,無期労働契約への転換後の労働条件は,有期労働契約の内容である労働条件と同一のものであるが,別段の定めがあれば正規並みの賃金となるというのか。

② 特約があれば18条後段の定めを排除し,正規並みの賃金とすることができるというのか。

③ 特約がない限り有期労働契約が無期労働契約となったことにより,「同一価値労働同一賃金の原則」により,正規並みの賃金となるというのか。分かりにくい規定である。

4　私　　見

雇用形態や職種が異なっても,労働の質が同一であれば,同一の賃金を支給すべきであるという「同一価値労働同一賃金の原則」は,基本的人権の一つであり,労働契約法の基本原則ともいうべきものであるから,無期労働契約に転換されたことにより,原則として正規並みの賃金に契約内容も転換されるが,特別の事由により,有期契約当時の労働条件を維持しなければならないときには,特約により無期労働契約のときと同じ内容の労働条件を維持することができ

るが，使用者は，当然「不合理ではない」ことの証明責任を負う。

Ⅴ 解雇の金銭解決制度

　報告書は，「現在の解雇権濫用法理の下では裁判上解雇は有効か無効かの解決しかないところ，金銭解決制度は柔軟な救済手段を認めようとするものであり，解雇の実態に即した柔軟な解決と紛争の迅速処理に資するのではないか」。諸外国でも，「金銭解決を原則とし復職も認める例，復職を原則としつつ金銭解決も認める例等，金銭解決を含めて多様な救済手段が設けられている。」と述べる。

　(1)　西欧社会の市民法上の契約の一般原則によれば，当事者の一方が違法に契約を解除した場合，他方の当事者は，①契約は終了したとして，金銭賠償の請求に移るか，②契約は，生きているとして，契約の履行を請求するかの選択権をもつ。しかし労働契約の場合には，②の現職復帰を認めず，金銭賠償のみが認められた。労働者が違法に（予告期間をおかず）契約を解除した場合でも，強制労働は認められない。同様に使用者が違法に解雇した場合でも，職場復帰，就労請求は認められないというのが市民法上の契約の原則であるとされたのである。この点では，英米法も大陸法も同様である。例えばフランス法でも，違法な解雇に対し，復職が認められるのは，仲裁裁判所における例外的な仲裁の場合だけである。

　しかし使用者（企業）（法人）は組織であり，生きた人間ではない。違法な解雇に対しては，労働者は，生存のため復職・就労を請求できるというのが，私を含め，戦後の労働法学者のほぼ一致した主張であった。労働組合の指令により労働者達が，職場に滞留する「職場占拠」に対抗するため，使用者側が仮処分の戦術を採用したのを受けて，労働者側は，直ちに従業員としての地位を仮に定める地位

第2節 労働契約法制審議の争点についての一考察

保全の仮処分を申請し,解雇の無効を争う本訴では,当然のことのように現職復帰を主張した。民事裁判では,法令違反や解雇権濫用の場合,「現職復帰」が容認されたのである。

私は,解雇無効の場合の「現職復帰」は日本労働法の世界に先駆けた法理であると主張してきたが,終戦直後の当時の社会経済状況を顧みると,解雇は,「家族もろとも餓死」の状態に陥ることを意味していたのである。

一方,この法理には,新しいアメリカ直輸入の「不当労働行為制度」の「復職命令」がヒントとなったのではないかということも感じていた。労働者は,不当労働行為の申立と同時に,民事訴訟を提起し,団体交渉権,争議権を保障する強行法規違反や権利濫用の法理を用いて現職復帰の判決をうることができたのである。

(2) しかし裁判には勝ち,「現職復帰」の判決をもらっても,①「日本的労使関係」の堅い壁は破ることができず,復職せずに辞める者が少なからずいたこと,②従業員の愛社心が薄れてきたこと,③日本経済の復興により,他に就職することが比較的容易になったこと等から,金銭解決制度は,また別の意味をもつようになったのかも知れない。

(3) 就労状態に人間的要素が少なくなり,孤立分散して就労するようになったこと,裁量労働が普及したことなどの職場環境の変化も金銭解決制度論の補強材料となり得る。しかし企業という組織での人間関係,他の労働者との協調性等から,職場における効率性,生産性を阻害する等の経営上の具体的障害が出たときには,職場規律,服務規律 懲戒,配転等の問題として,別個に処理すべき問題であろう。

現在の解雇権濫用法理の下では,有効か無効かの解決しかない。金銭解決制度は,ある意味では,解雇の実態に即した柔軟な救済制

労働契約法の形成と展開

度を認めるようなものであるのかも知れない。

　労働審判制度は，非訟事件手続であるから，当事者の意思に反しない場合には，事案の実情に即した金銭解決をなしうることは当然である。

第❸節 「労働契約法」の意義と課題

I 「労働契約法」制定の意義

1 「労働契約法」の「在り方」について

(1) 「在り方」という用語には，①「現にある，存在のしかた。ありさま」という意味と，②「当然こうでなくてはならないという物事の状態」（岩波『国語辞典』），「ある物事の，当然そうでなければならないような形や状態，物事の正しい存在の仕方」（大辞林）という二つの意味がある。労働契約法制の「在り方」は，立法化の問題であるから，当然，第二の意味が込められているのであろう。

(2) そうだとした場合，実定法・判例法によって形成され，現に客観的に存在している労働契約の法的ルールを統一し，明確にしようとするのではなく，積極的に現在の法規の欠缺，判例法の不合理な点を是正し，社会経済状態に適合した新たな法的ルールを構築することが意図されているとみることができる。

(3) 労働契約法制は，新しい立法の作業である以上，まず立法政策の理念を明確にする必要がある。労働法の理念は，労働法が生成・発展してきた歴史的過程の中から構築されたものであるから，現在の社会経済情勢の変動に適合しないのであれば，新しい「労働契約法の理念」を明示すべきである。もちろん労働についての哲学や価値観は，多様であるし，現在の社会経済情勢の認識にも差がある。しかも労使の利害関係は，契約の相手方として鋭く対立す

第5章 労働契約法制定論議をふり返って

るから，具体的な法的ルールは，社会経済情勢の変化とともに変動して止まない。だからこそ労働法は，どこの国でも，統一的な法典をもたず，経験的，断片的に発展してきたのである。したがって統一的な理念の下に一挙にすべてを法制化するのではなく，労働法の歴史的な形成過程と憲法秩序の下における理念を明らかにした基本法（労働憲章）と，紛争の発生の防止と個別的な法的なルールの不合理な点を是正することを目的とした最小限度の労働契約に関連する労働民事法を制定し，今後必要に応じ，逐次改正していくという方法をとった方がよい。その意味では，今回制定された「労働契約法」が結果的にせよ「小ぶり」であったのは賢明であったとも評することができる。

2 立法化の必要性

(1) 判例法理には，一般条項によって妥当な結論を導き出したものが多い。

これは，法の欠缺（具体的個別事案についてのルールがないこと）と判例による法の形成を示すものである。立法化によって法を補充し，体系化することにより，類似の争いの防止，紛争の迅速な解決に資することができる。

(2) 判例法理は，過去の具体的紛争解決の事例であるから「人権・生存権・労働権保障」を軸とする体系的な労働法秩序の中では，社会経済情勢の変動による新たな問題には先例として援用することが好ましくないもの，適当でないものもありうる。このような分野では，統一的な新たな立法は意味をもつ。

(3) 過去の法律相談，個別的紛争解決事例，裁判例の分析により，事実に即した立法化の論点を把握し，解決のためのルールを検討することは意味のあることである。

(4) 紛争解決を遅延，ないし阻害するものに挙証責任の問題がある。実体法とともに訴訟手続の問題も考慮すべきである。

3 「労働契約法制」「見直し」の問題

(1) 労働契約法制の「見直し」として問題になるのは，労働契約法の分野における①これまでの立法の不備（法の欠缺）・不都合な点の改正，②判例法理の不明確・不合理な点の立法による是正，③「法的ルール」の履行確保のための行政機構の整備でなければならない。したがって「労働契約法制」として，新しい立法化を考える場合には，まずこのような点からみた不備不合理な点を明らかにし，その上で修正ないし新設すべき案を明示すべきである。

(2) 労働紛争が多いのは，労働相談その他の事例に明らかなように，労働契約に関する法的ルールがないからというよりは，企業の側が減量経営，他企業との競争等の経済的理由により，労働条件の切り下げや配転，転籍，解雇，非正社員化を行っていること，あるいは使用者側が現行ルールを守らないことからくるものが多い。

(3) 「報告書」が挙げている論点は，多岐にわたるが，つぎの点で若干の懸念を抱かざるをえなかった。

イ 「労働契約法」も法律である以上，個別具体的な事案に即座に適用可能（予測可能性）なものではありえず，一般的・抽象的なものにならざるをえない。この点については，「指針」，「ガイドライン」を出すことを示唆しているが，これらは行政解釈の一つであるから，「労働契約法」が主要な目的としている民事裁判の規範とはなりえず，行政指導による以外には，履行の確保が困難である。そうだとすれば，「労働契約法」の主要な目的に反することになり，また労使関係に無用な紛争をもたらすのではないか。

ロ　法文では,「客観的に合理的」,とか「社会通念上相当」という用語を用いざるを得ないが,「予測可能性の向上は,判例で示された具体的事例を整理・収集することで一定の効果を上げることが可能となる」(採用内定取消の項)と述べているが, これでは, 単にこれまでの判例の一部を立法化するだけにすぎず, どのような基準, 法政策によって判例の立法化を行うのかが必ずしも明らかではない。

II　労働契約法の理念

(1)　労働保護法全般に亘る基本的理念として, 労基法は1条～7条に労働憲章を掲げている。

しかし, 労働保護法とは別個に, 労働民事法としての労働契約法を制定するという壮大な構想の割には, 労働契約法は, 1条(目的)において,「合意の原則その他労働契約に関する基本的時効を定めることにより, 合理的な労働条件の決定又は変更が円滑に行われるようにすることを通じて, 労働者の保護を図りつつ, 個別の労働関係の安定に資することを目的とする。」と定めるのみで, 労働民事法全般に通じる指導原理と基礎的な価値を明確にした「労働契約法の理念」を掲げる規定が見あたらない。

(2)　憲法には, 25条(生存権), 27条(労働権), 28条(団結権)のほかに, 基本的人権として, 13条(幸福追求権), 14条(法の下の平等の原則), 18条(強制労働の禁止), 等がある。これらの憲法の保障する基本的人権の中での労働契約法の基本的理念, 基礎的価値を明確にした上で, あるいはこれを前提として立法作業を進めるべきではなかったのか。労使それぞれの価値観の差から, 明確にすることが困難であったのかもしれないが, 立法論, 政策論としても

興味のある問題がのこされた感じがする。

(3) 「報告書」が「近年」として述べている社会経済情勢の変化は，かなり前から「脱工業社会」の政治経済情勢として問題とされている現象である。そこでの課題は「労働の人間化」であり，憲法13条の「幸福追求権」や25条の「生存権」を基礎的な価値とした労働法の法体系を再構築しようとする試みであった。

われわれが最も期待したのは，「人間らしい労働」，「人間らしい生活」の保障を理念に掲げ，少なくとも労働契約法の方向性が明らかにされることであった。

Ⅲ　民法（債権法）の改正

民法（債権法）の改正問題が，現在，法制審議会民法（債権関係）部会で審議中である。

労働契約法は，民法の特別法として制定されたものであるから，特に一般法としての民法の雇用および他人の労力を利用する請負，委任に関する規定との関係等が問題となる。しかし「労働契約法」の立法過程を明らかにすることを目的とした本書では，場違いな感じがするので別の機会に譲ることにし，ここでは労働契約法に，直接，関連する問題は，どこで，どのように論議されているのかということを紹介するにとどめる。

1　民法（債権法）改正検討委員会と法制審議会民法（債権関係）部会

A　民法（債権法）改正検討委員会

「市民社会の枠組みを定める基本法である民法典は，その制定から110年を経て，債権編を中核とする部分について，抜本的な改正

の必要性に直面している。すなわち,経済や社会は制定時の予想を超える大きな変化を遂げ,また市場のグローバル化はそれへの対応としての取引法の国際的調和への動きをもたらした。これらの前提条件の質的変化は,新たな理念のもとでの法典の見直しを要請している。他方で,法典の解釈適用の過程で判例は条文の外に膨大な数の規範群を形成しており,基本法典の内容について透明性を高める必要性を痛感させている。」ということから,「学界の有志」が集まり,「民法（債権法）の抜本改正の準備作業として,改正の基本方針（改正試案）を作成することを目的」に,2006年10月7日,「民法（債権法）改正検討委員会」を設立した。委員会は五つの準備会と全体会議・幹事会で構成され,事務局は「商事法務研究会」におかれた。

2009年3月末には,改正の基本方針（改正試案）がまとめられている。

B 法制審議会民法（債権関係）部会

(1) 法制審議会民法（債権関係）部会は,第1回会議を2009年（平21）11月24日に開催している。2011年（平23）4月12日には,「民法（債権関係）の改正に関する中間的な論点整理」を出し,パブリック・コメントの実施に当たっての参考資料として,法務省民事局参事官室の責任で詳細な「中間的論点整理の補足説明」が出されている。

(2) 民法（債権関係）部会は,「民法（債権関係）の改正検討事項の一例（メモ）」として,「各種の契約について」の項で,「現行民法は贈与から和解まで13種類の典型契約を定めているが,これらは社会に存在する様々な種類の契約に関して,法的な分析を行うための法概念を提供するとともに標準的な契約内容を任意規定として提示することにより,当事者が契約交渉をする

際の出発点になるとともに,当事者間で紛争が生じた場合の解決の基準を示すなど,重要な機能を果たしているものである。

民法制定以来110年余りの間に,社会・経済が大きく変化し,取引形態も多様化・複雑化していることを踏まえると,典型契約について,このような変化に対応するための総合的な見直しを行い,現在の13種類の契約類型で過不足が無いかどうか,不足があるとすると新に設けるべき契約類型はどのようなものか等の検討をする必要があるのではないか。」と述べている。ここでは,労働契約法に,直接,関係のある典型契約の中の雇用,請負,委任に焦点をあてて参考までに引用しておくことにする。

2 「契約自由の原則」

法制審議会民法(債権関係)部会は,第9回会議において,契約に関する基本原則としての「契約自由の原則」につき,次のようなまとめを行っている。(部会資料11-2第1,2)。

「契約を締結しようとする当事者には,①契約を締結するかしないかの自由,②契約の相手方を選択する自由,③契約の内容決定の自由,④契約の方式の自由があるとされており(契約自由の原則),明文の規定はないものの,民法はこの原則の存在を前提にしているとされている。そこで,これを条文上明記する方向で,明文化する内容等を更に検討してはどうか。

契約自由の原則を条文上明記すると当事者が契約内容等を自由に決定できるという側面が過度に強調されるとの懸念から,これに対する制約があることを併せて条文上明記すべきであるとの考え方がある。制約原理の具体的な内容を含め,このような考え方の当否について,契約自由に対する制約と法律行為一般に対する制約との関係,契約自由に対する制約として設けられた個々の具体的な制度と

の関係などにも留意しながら，さらに検討してはどうか」。

3 役務提供型の典型契約（雇用，請負，委任，寄託）総論

一方の当事者が他方の当事者に労務を提供することを内容とする典型契約には，民法上，雇用，請負，委任及び寄託があるが，「今日の社会においては新しい役務・サービスの給付を目的とするものが現れており，役務提供型に属する既存の典型契約の規定によってはこれらの契約に十分に対応できないのではないかとの問題も提起されている。このような問題に対処するため，役務提供型に属する新たな典型契約を設ける考え方や，役務提供型の契約に適用される総則的な規定を設ける考え方が示されている」ほか，このような考え方を採用する場合には「既存の各典型契約に関する規定の適用範囲の見直しが必要となることもあり得る」。

「役務提供型の典型契約全体に関して，事業者が消費者に対してサービスを提供する契約や，個人が自ら有償で役務を提供する契約など，当事者の属性等によっては当事者間の利益を害することのないように配慮する必要があるとの問題意識や，いずれの典型契約に該当するか不明瞭な契約があり，各典型契約の意義を分かり易く明確にすべきであるとの問題意識が示されている」。

4 準委任に代わる役務提供型契約の受皿規定

役務提供型に属する典型契約として，民法には，雇用，請負，委任及び寄託が規定されているが，現代社会における種々のサービスの給付を目的とする契約の中には，これらのいずれかに性質決定することが困難なものが多いとされている。これらについては，無名契約や混合契約などとして処理されるほか，準委任の規定（民法第656条）がいわば受け皿としての役割を果たしてきたとされているが同条において準用される委任の規定内容は，種々の役務提供型契

約に適用されるものとして必ずしも妥当でないとの指摘がある。また，既存の役務提供型の典型契約の中にも，適用範囲の見直しが提案されているものがある。これらを踏まえ，既存の典型契約に該当しない役務提供型の契約について適用される規定群を新に設けることの要否について，請負の規定が適用される範囲や，準委任に関する規定が適用される範囲との関係などにも留意しながら，さらに検討したらどうか。

5　雇　用

A　総論（雇用に関する規定の在り方）

「労働契約に関する民事上の基本的なルールが民法と労働関係法規（特に労働契約法）とに分散して置かれている現状に対しては，利便性の観点から問題があるとの指摘があり，将来的には民法の雇用に関する規定と労働契約法の関係の在り方が検討課題となり得るが，当面，民法と労働契約法との関係について現状を維持し，雇用に関する規定は，引き続き民法に置くこととしてはどうか。その上で，民法の雇用に関する規定については，民法で規律すべき事項の範囲に留意しつつ，見直しの要否を検討してはどうか。

また，利便性という問題への一つの対応として，安全配慮義務（労働契約法第5条）や解雇権濫用の法理（同法第16条）に相当する規定を民法にも設けるという考え方や，民法第627条第1項後段の規定を使用者からの解約の申入れに限り解約の申入れの日から30日の経過を要すると改めること（労働基準法第20条参照）により，労働関係法規上の私法ルールを民法に反映させるという考え方の当否については，雇用の規定と労働関係法規の適用範囲が必ずしも同一ではないという見解も有力であること等に留意しつつ，更に検討してはどうか。」（部会資料17-2第5，1〔72頁〕）

第5章 労働契約法制定論議をふり返って

B 報酬に関する規律

(1)「具体的な報酬請求権の発生時期

　雇用契約においては，労働者が労務を履行しなければ報酬請求権は具体的に発生しないという考え方（いわゆるノーワーク・ノーペイの原則）が判例・通説上認められているところ，これを条文上明確にするかどうかについて，民法第624条から読み取れるとの指摘があることや，実務上は合意によりノーワーク・ノーペイの原則とは異なる運用がされる場合があることを根拠として反対する意見があること等に留意しつつ，更に検討してはどうか」（部会資料17-2第5, 2 (2)〔76頁〕）。

(2) 労務が履行されなかった場合の報酬請求権

　「使用者の責めに帰すべき事由により労務が履行されなかった場合の報酬請求権の帰すうについて，民法第536条第2項の文言上は必ずしも明らかではないが，判例・通説は，雇用契約に関しては，同項を，労務を履行していない部分について具体的な報酬請求権を発生させるという意味に解釈している。そこで，同項を含む危険負担の規定を引き続き存置するかどうかとは別に，この場合における労働者の具体的な報酬請求権の発生の法的根拠となる規定を新に設けるかどうかについて，更に検討してはどうか。

　規定を設ける場合には，具体的な規定内容について，例えば①使用者の義務違反によって労務を履行することが不可能となったときは，約定の報酬から自己の債務を免れることによって得た利益を控除した額を請求することができるとする考え方や，②使用者側に起因する事由によって労働できないときに報酬を請求できるが，自己の債務を免れたことによって利益を得たときは，その利益を使用者に償還しなければならないとする考え方がある。これらの考え方の当否について，「使用者の義

務違反」「使用者側に起因する事由」の具体的内容が分かりにくいとの指摘，労働基準法第 26 条との整合性，現在の判例・通説や実務上の一般的な取扱いとの連続性に配慮する必要があるとの指摘のほか，請負や委任などほかの役務提供型典型契約に関する規律との整合性にも留意しつつ，更に検討してはどうか。

　また，労務の履行が期間の中途で終了した場合における既履行部分の報酬請求権の帰すうについて明らかにするため，明文の規定を設けるかどうかについて，更に検討してはどうか」（部会資料 17−2 第 5，2 (2)〔76 頁〕)。

C　民法第 626 条の規定の要否

「労働基準法第 14 条第 1 項により，雇用期間を定める場合の上限は，原則として 3 年（特例に該当する場合は 5 年）とされており，通説によれば，これを超える期間を定めても，同法第 13 条により当該超過部分は無効になるとされているため，民法第 626 条の規定が実質的にその存在意義を失っているとして，同条を削除すべきであるという考え方がある。この考え方の当否について，労働基準法第 14 条第 1 項の期間制限が適用されない場合に，民法第 626 条の規定が適用されることになるため，現在でも同条には存在意義があるという指摘がある一方で，家事使用人を終身の間継続する契約のように公序良俗違反となるべき契約の有効性を認めるかのような規定を継続すべきでないという意見があることを踏まえつつ，更に検討してはどうか」（部会資料 17−2 第 5，2(2)〔76 頁〕)。

D　有期雇用契約における黙示の更新

(1)　有期雇用契約における黙示の更新後の期間の定めの有無

　民法第 629 条第 1 項の「同一の条件」に期間の定めが含まれるかという点については，含まれるとする学説も有力であるも

のの，裁判例は別れており，立法により解決すべきであるとして，「同一の条件」には期間の定めが含まれないことを条文上明記すべきであるとする考え方がある。このような考え方の当否について，労働政策上の課題であり，労働関係法規の法形成のプロセスにおいて検討すべき問題であるという指摘があることに留意しつつ，更に検討してはどうか。(部会資料17-2第5，4〔80頁〕)。

(2) 民法第629条第2項の規定の要否

民法第629条第2項は，雇用契約が黙示に更新される場合における担保の帰すうについて規定しているところ，この点については，具体的事案に応じて担保を設定した契約の解釈によって決せられるべきであり，特別な規定を置く必要がないとの考え方が示されている。そこで，同項に関する実態に留意しつつ同項を削除する方向で，更に検討してはどうか（部会資料17-2第5，4（関連論点）〔81頁〕)。

Ⅳ　労働契約法の形成

(1) 民法（債権法）改正と労働民事法（労働民法）

民法典制定以来110年を経過して，現代社会に適合した一般法としての民法（債権法）が制定されようとしている。労働法の分野では，これまでにも，もちろん判例学説によって形成された裁判規範としての労働民事法が重要な地位を占めていた。私などは，これを労働行政法や労働刑法と並ぶものとして単的に労働民法と名付けていた。すなわち労働保護法と一般法としての民法の規範を横断する民事裁判規範の総体としての法分野を労働民法と呼んでいたのである。しかし一般には労働民事法と呼ばれている。

これまでは主として判例学説で作られてきた労働民事法が一般法

としての民法（債権法）改正により，一段と充実したものになることを望みたい。

(2) 特別法としての労働契約法の形成

基本的に労働法は，経験的・断片的に発展してきたものであり，このような性格は一挙に変わるものではない。特別法としての労働契約法の構築には，先に述べた労働契約法の理念の下に，従来と同じ努力の積み重ねにより，すなわち労働相談，紛争処理事例，裁判例の積み重ねにより，時代や労働環境の変化に対応する新しいルールを着実につくっていくべきであろう(註)。

　(註) 上智大学名誉教授　山口浩一郎「民法改正と労働法の現代化」（季刊労働法229号4～5頁）は，「ドイツ労働契約法の失敗」として，労働契約法制定にかかわるドイツの興味ある事例を挙げ，「一般労働契約法といっても，その制定はそれほど簡単なことではない。これがわれわれに与えるドイツの教訓である」と述べている。
　「ドイツは，19世紀の国家統一以降五回にわたって労働契約法の制定を試みたが，今日にいたるまで成功していない。東西ドイツ統一後の有力な学者を集めた学問的検討の結果である1992年の草案も「学者法案」（Professorenentwurf）として反対意見が相次ぎ，「21世紀への立法政策へのチャレンジ」として2006年にまとめられた草案も，「判例法理のリステイトメント（Restatement）」という特徴をもつものであり，労使の反対が強く成立しなかったという。

あ と が き

　本書は，東北大学社会法研究会のメンバーによる「労働契約法研究会」での私の報告および仙台社会保険労務士会の有志による「労働契約法研究会」での私の報告を中心に，その素材となった資料の要約と労働契約法が制定されるまでの経過並びに若干の私見を加筆してまとめたものである。

　戦後，学徒兵から復学して，法律学の分野でも未知の領域であった労働法の研究を始めた私にとっては，労組法，労基法，新憲法の矢継ぎ早の制定は，「これから新しい社会が開けるのだ」という期待と学問的な好奇心を十分に体感させるものであった。その後の労組法，労基法の改正問題も，わが国の経済成長と政治経済情勢の変化とともに走馬燈のように目に浮んでくる。今回の労働契約法の改正問題も経済のグローバル化と ME 革命という政治経済情勢の変化と密接に結びついているのである。

　学会誌をはじめ，関連する学術雑誌の労働契約法の制定に関する論文は，拝読させて頂いたが，ここでは，参考文献は単行本に限って掲載させて頂くことにする。

　　野川　忍『わかりやすい労働契約法』（商事法務 2007・12）
　　山川隆一『労働契約法入門』（日本経済新聞出版社 2008・2）
　　石嵜信憲編著『労働契約法』（中央経済社 2008・2）
　　土田道夫『労働契約法』（有斐閣 2008・8）
　　荒木尚志・菅野和夫・山川隆一『労働契約法』（弘文堂 2008・12）

　本書の出版にあたっては，校正その他の仕事はすべて娘の裕子に，出版については，信山社の稲葉文子さんのお世話になった。心から謝意を表したい。

　2012 年 11 月

　　　　　　　　　　　　　　　　　　　　　外尾健一

著者紹介

外尾健一（ほかお　けんいち）
　1924年1月16日　台湾台北市に生る
　1951年　東京大学法学部卒業　東京大学社会科学研究所助手
　1956年　東北大学助教授
　1963年　東北大学教授
　1987年　定年退官　東北大学名誉教授（法学博士）

＜主要著書＞
『労働法入門』（第7版）有斐閣
『採用・配転・出向・解雇』総合労働研究所
『労働団体法』筑摩書房
『外尾健一・著作集』全8巻　信山社

〈現代選書10〉

外尾健一社会法研究シリーズ 2
労働契約法の形成と展開

2012年（平成24年）11月30日　第1版第1刷発行
3290-5-010-012-010-006

　　著　者　Ⓒ外　尾　健　一
　　発行者　　今井　貴・稲葉文子
　　発行所　　株式会社 信山社
〒113-0033　東京都文京区本郷 6-2-9-102
　Tel 03-3818-1019　Fax 03-3818-0344
笠間来栖支店　〒309-1625　茨城県笠間市来栖 2345-1
　Tel 0296-71-0215　Fax 0296-72-5410
笠間才木支店　〒309-1600　茨城県笠間市才木 515-3
　Tel 0296-71-9081　Fax 0296-71-9082
　　出版契約　2012-0-0000-0-00000
　　Printed in Japan, 2012, 外尾健一

印刷・ワイズ書籍（本文・付物）　製本・渋谷文泉閣 p.192
ISBN978-4-7972-3290-5 C3332 ¥2000E 分類50-328.607-a017
3290-01011:020-010-006《禁無断複写》

JCOPY　〈(社)出版者著作権管理機構 委託出版物〉
本書の無断複写は著作権法上での例外を除き禁じられています。複写される場合は、
そのつど事前に、(社)出版者著作権管理機構（電話03-3513-6969, FAX 03-3513-6979,
e-mail: info@jcopy.or.jp）の許諾を得てください。

「現代選書」刊行にあたって

　物量に溢れる，豊かな時代を謳歌する私たちは，変革の時代にあって，自らの姿を客観的に捉えているだろうか。歴史上，私たちはどのような時代に生まれ，「現代」をいかに生きているのか，なぜ私たちは生きるのか。

　「尽く書を信ずれば書なきに如かず」という言葉があります。有史以来の偉大な発明の一つであろうインターネットを主軸に，急激に進むグローバル化の渦中で，溢れる情報の中に単なる形骸以上の価値を見出すため，皮肉なことに，私たちにはこれまでになく高い個々人の思考力・判断力が必要とされているのではないでしょうか。と同時に，他者や集団それぞれに，多様な価値を認め，共に歩んでいく姿勢が求められているのではないでしょうか。

　自然科学，人文科学，社会科学など，それぞれが多様な，それぞれの言説を持つ世界で，その総体をとらえようとすれば，情報の発する側，受け取る側に個人的，集団的な要素が媒介せざるを得ないのは自然なことでしょう。ただ，大切なことは，新しい問題に拙速に結論を出すのではなく，広い視野，高い視点と深い思考力や判断力を持って考えることではないでしょうか。

　本「現代選書」は，日本のみならず，世界のよりよい将来を探り寄せ，次世代の繁栄を支えていくための礎石となりたいと思います。複雑で混沌とした時代に，確かな学問的設計図を描く一助として，分野や世代の固陋にとらわれない，共通の知識の土壌を提供することを目的としています。読者の皆様が，共通の土壌の上で，深い考察をなし，高い教養を育み，確固たる価値を見い出されることを真に願っています。

　伝統と革新の両極が一つに止揚される瞬間，そして，それを追い求める営為。それこそが，「現代」に生きる人間性に由来する価値であり，本選書の意義でもあると考えています。

2008年12月5日　　　　　　　　　　　　　　　　信山社編集部

- ◇ 〔2012最新刊〕**感情労働と法** 水谷英夫
- ◇ **セクシュアル・ハラスメントの実態と法理**
  ―タブーから権利へ　水谷英夫
- ◇ **労働の法** 水谷英夫
- ◇ **ジェンダーと雇用の法** 水谷英夫
- ◇ **ドメスティック・バイオレンスの法**
  ―アメリカ法と日本法の挑戦　小島妙子
- ◇ **職場のいじめ**―『パワハラ』と法　水谷英夫
- ◇ **職場のいじめとパワハラ・リストラ QA150**
  水谷英夫
- ◇ **職場のセクハラ**―使用者責任と法　小島妙子
- ◇ **ジェンダーと法〈1〉**―DV・セクハラ・ストーカー
  小島妙子・水谷英夫
- ◇ **夫婦法の世界**―結婚から離婚まで　水谷英夫・小島妙子 編
- ◇ **ライフズ・ドミニオン**―中絶と尊厳死そして個人の自由
  ロナルド・ドゥオーキン 著／小島妙子・水谷英夫 訳

信山社

◇労働法判例総合解説◇

監修：毛塚勝利・諏訪康雄・盛誠吾

判例法理の意義と新たな法理形成可能性の追求

12 競業避止義務・秘密保持義務 　　石橋　洋
　重要判例とその理論的発展を整理・分析 　　2,500円+税

20 休憩・休日・変形労働時間制 　　柳屋孝安
　労働時間規制のあり方を論点別に検証 　　2,600円+税

37 団体交渉・労使協議制 　　野川　忍
　団体交渉権の変質と今後の課題を展望 　　2,900円+税

39 不当労働行為の成立要件 　　道幸哲也
　不当労働行為の実体法理と成否を検証 　　2,900円+税

信山社

岩村正彦・菊池馨実 責任編集
社会保障法研究　創刊第1号

荒木誠之	1	社会保障の形成期

● 第1部　社会保障法学の草創

稲森公嘉	2	社会保障法理論研究史の一里塚
尾形　健	3	権利のための理念と実践
中野妙子	4	色あせない社会保障法の「青写真」
小西啓文	5	社会保険料拠出の意義と社会的調整の限界

● 第2部　社会保障法学の現在

水島郁子	6	原理・規範的視点からみる社会保障法学の現在
菊池馨実	7	社会保障法学における社会保険研究の歩みと現状
丸谷浩介	8	生活保護法研究における解釈論と政策論

● 第3部　社会保障法学の未来

太田匡彦	9	対象としての社会保障
岩村正彦	10	経済学と社会保障法学
秋元美世	11	社会保障法学と社会福祉学

■社会保障法研究　第2号	岩村正彦・髙畠淳子・柴田洋二郎 新田秀樹・橋爪幸代
■社会保障法研究　第3号	関根由紀・遠藤美奈・笠木映里 嵩さやか・加藤智章
■社会保障法研究　第4号	江口隆裕・西田和弘・石田道彦 原田啓一郎・小島晴洋・倉田賀世
■社会保障法研究　第5号	中益陽子・渡邊絹子・衣笠葉子 津田小百合・永野仁美・嶋田佳広
■社会保障法研究　第6号	秋元美世・関ふ佐子・木下秀雄 笠木映里・中野妙子・片桐由喜

信山社

外尾健一著作集

第1巻 団結権保障の法理Ⅰ
A5上製　356頁　定価: 本体5,700円+税

第2巻 団結権保障の法理Ⅱ
A5上製　356頁　定価: 本体5,700円+税

第3巻 労働権保障の法理Ⅰ
A5上製　332頁　定価: 本体5,700円+税

第4巻 労働権保障の法理Ⅱ
A5上製　356頁　定価: 本体5,700円+税

第5巻 日本の労使関係と法
A5上製　340頁　定価: 本体8,000円+税

第6巻 フランス労働協約法の研究
A5上製　522頁　定価: 本体9,400円+税

第7巻 フランスの労働組合と法
A5上製　388頁　定価: 本体6,400円+税

第8巻 アメリカのユニオン・ショップ制
A5上製　264頁　定価: 本体5,200円+税

――信山社――